Guter Boden

gesund & fruchtbar

> Autor: **Willi Borges** | Fotografen: **Marion Nickig, Jürgen Stork** und
andere bekannte Gartenfotografen

Inhalt

Bodenpraxis
Das 5-Stufen-Erfolgsprogramm

>> gesund & fruchtbar

Bodenpraxis

So entsteht Boden

Als Boden bezeichnet man die lockere Schicht, die die Erdoberfläche wie eine dünne Haut überzieht.

Der Boden unter unseren Füßen ist für uns so selbstverständlich wie der Himmel und das Wasser. Kaum jemand macht sich über ihn

Boden ist ein lebender Organismus, der Pflege und Nahrung braucht.

Gedanken. Dabei ist die oberste Bodenschicht eine der wichtigsten Grundlagen allen Lebens. Sie ist selten höher als 50 cm und wird sehr treffend »Mutterboden« genannt. Wo dieser fortgespült, vergiftet

oder durch Maschinen verdichtet wurde, wächst kaum eine Pflanze, von blühenden Gärten ganz zu schweigen.

Wunderbarer Wandel

Boden verändert sich stetig und ständig: Entstanden in vielen Jahrmillionen durch Vulkantätigkeit und Gesteinsverwitterung, reift und altert er und wird schließlich durch Wind und Wetter abgetragen. Das Ausgangsgestein spielt dabei eine wichtige Rolle, denn je nach Art sind darin verschiedene Mineralien wie Silizium, Kalium, Aluminium in Kristallen gebunden. Anhand der Mineralienzusammensetzung lassen sich z. B. Gesteine vulkanischen Ursprungs wie Granit, Basalt oder Sedimentgesteine wie Marmor, Kalk- und Sandstein unterscheiden.

Granit, Basalt & Co.

➤ Granit ist das häufigste »Urgestein«, das beim langsamen Abkühlen flüssiger Magma im Erdinneren entsteht und eine grobe Kristallstruktur von hellgrauem Quarz,

grünlichem Glimmer und rotem Feldspat aufweist.

➤ Basalt dagegen ist wie auch Diabas oder Quarzporphyr ein »Ergussgestein«, das bei Vulkanausbrüchen die Erdoberfläche erreicht und beim raschen Abkühlen sehr feine Kristalle ausbildet.

➤ Aus Urgesteinsresten und aus Ablagerungen von Pflanzen und Tieren entstehen so genannte »sekundäre« Sedimentgesteine wie Muschelkalk, Sand- und Tonstein.

Steter Tropfen höhlt den Stein

Ein wesentlicher Faktor bei der Bodenbildung ist die Verwitterung des Ausgangsgesteins, bei der das Klima eine wichtige Rolle spielt. Durch Temperaturwechsel wird die Gesteinsstruktur gelockert, Wasser dringt in Fugen ein, dehnt sich bei Frost aus und fördert damit die Abspaltung von Gesteinspartikeln.

In Flüssen und Meeren unterliegt das Gestein durch die Strömung einem ständigen Abrieb, der als Sand im Flussdelta landet. Wind schmirgelt die Felsen rund und bläst den feinen Staub als fruchtbaren Löss in die Ebenen. Schließlich bleiben winzig kleine Teilchen (< als 2/1000 mm!) übrig, die sich in einem komplizierten chemischen Prozess mithilfe von Wasser, Luft und Säuren zu so genannten Tonmineralen umwandeln.

Tonminerale

Tonminerale besitzen fast magische Eigenschaften: Sie sind saugfähig und binden wichtige Nährelemente für Pflanzen wie Kalzium, Kalium oder Magnesium an sich, die als freie Moleküle im Boden vorliegen (→ Seite 14/15). Ohne Tonminerale und Humus (→ Seite 10/11) würde der Regen die wasserlöslichen Substanzen gleich ins Grundwasser spülen. So aber sind die Nährstoffe aus den Tonmineralen über die Sogwirkung der Wurzeln für die Pflanzen verfügbar.

Die Bodenbestandteile

Neben dem Gestein sind natürlich auch andere Standortfaktoren für die Ausprägung des Bodentyps entscheidend. Grundsätzlich sind daran vier verschiedene Bestandteile maßgeblich beteiligt:

> *Die Ausprägung der jeweiligen Bodenart ist abhängig von den verschiedenen Standortfaktoren.*

➤ Mineralische Substanzen (Steine, Kies, Sand, Tonminerale, Salze)
➤ Organische Substanzen (Humus, Pflanzenwurzeln, Pilzfäden, Mikroorganismen)
➤ Wasser
➤ Luft

Tonminerale, Humus und Kalk bilden das beim Gärtnern so wichtige «Krümelgefüge», das die Fruchtbarkeit des Bodens bestimmt (→ Seite 8/9). Bei guter Krümelstruktur liegen Mineralien, Luft, Wasser und Humus in der richtigen Mischung vor. Kein Boden gleicht dem anderen, und jeder will anders behandelt werden (→ Seite 16/17). Als Gärtner sollten Sie stets daran denken, den Boden als lebenden Organismus

zu begreifen, der Nahrung und Pflege braucht. Dafür werden Sie mit fruchtbarer Erde belohnt, in der Blumen, Gehölze, Gemüse, Obst und Kräuter prächtig gedeihen. ■

PRAXISINFO

Bodenbestandteile

Guter, fruchtbarer Wiesenboden enthält:

✗ 45 % Mineralien
✗ je 25 % Luft und Wasser
✗ 4,25 % Humus
✗ 0,5 % Pflanzenwurzeln
✗ 0,25 % Bodenlebewesen

Anteile der Bodentiere:

✗ 40 % Bakterien, Einzeller
✗ 40 % Pilze und Algen
✗ 12 % Regenwürmer
✗ 8 % andere Bodentiere

Das 1 × 1 der Bodenfruchtbarkeit

Guter Boden ist wie eine gelungene Torte: Er besteht aus mehreren Schichten und fein abgewogenen Zutaten. Die meisten Pflanzen wurzeln nur in der obersten Bodenschicht, dem Mutterboden.

Im Bodenprofil erkennt man humosen Oberboden an der dunklen Farbe.

Dieser ist im Idealfall dunkel, locker und krümelig, voller Bodenlebewesen und reich an Nährstoffen. Bereits ein oder zwei Spatenstiche tiefer stößt man auf heller gefärbten Unterboden. Er ist fest, oft steinig und arm an Luft, Nährstoffen und Bodentieren. Nur ausgesprochen tief wurzelnde Pflanzen wie Kiefern, Disteln oder Sonnenblumen suchen hier noch Halt.

Bodenlockerung

Pflanzen gedeihen umso üppiger, je tiefgründiger ein Boden ist. Stoßen Sie schon nach 10 cm auf eine feste Schicht oder bilden sich nach dem Regen schnell Pfützen, so ist dies ein sicheres Kennzeichen für einen »Verdichtungshorizont«. In diesem Fall lockern Sie den Boden vorsichtig auf (→ Tipp und Seite 32/33). Den gleichen Effekt erzielt man mit der Aussaat tief wurzelnder, einjähriger Pflanzen (Gründüngung, → Seite 28/29), deren Wurzeln auch in dichtere Bodenschichten dringen und so auflockern.

Wasser und Luft

Zwei wichtige Voraussetzungen für einen vitalen Boden sind eine gute Durchlüftung und ausreichende Feuchtigkeit im Boden. Beide Faktoren sollten auch im richtigen Verhältnis zueinander stehen, was im Wesentlichen vom Bodengefüge, also der Zusammensetzung der einzelnen Bodenbestandteile (→ Seite 6/7) abhängt. Bei einer lockeren Krümelstruktur sind die Bedingungen meist ideal. Verdichtete Böden sind oft zu nass und nur schlecht durchlüftet, dort faulen die Wurzeln, und nützliche Lebewesen (→ Seite 10/11) sterben ebenso ab wie bei zu geringer Wasserversorgung.

TIPP

>>gesund und fruchtbar

Vorsichtig lockern

Die verschiedenen Bodenschichten dürfen bei der Lockerung des Bodens oder beim Umgraben nicht durcheinander geraten. Bodenlebewesen, die nur nahe der Oberfläche genügend Luft und Nahrung finden, werden sonst in zu tiefe Bodenschichten »verfrachtet« und sterben ab.

Der pH-Wert

Ein weiteres wichtiges Kriterium ist der pH-Wert. Er gibt an, ob ein Boden sauer oder alkalisch reagiert. Entscheidend dafür ist der jeweilige Anteil von positiv geladenen Wasserstoff-Ionen (H^+) und negativ geladenen Tonmineralen (OH^-). Tonminerale binden positiv geladene H^+-Ionen und neutralisieren damit die Bodenlösung. Ein Überangebot von Wasserstoff-Ionen führt zur Versauerung des Bodens. pH-Werte im neutralen bis leicht alkalischen Bereich (7–8), die auf einen ausreichenden Anteil Tonminerale hindeuten, sind für das Gärtnern ideal. Tonminerale binden auch andere Ionen wie Ca^+, K^+, Mg^+ und sind damit wichtige Nährstoffträger für die Pflanzen.

Der Kalkgehalt

Kalkreiches Gestein weist von Natur aus einen höheren pH-Wert und damit einen größeren Anteil pflanzenverfügbarer Nährstoffe auf als Silikatgestein. Der ph-Wert nährstoffarmer Böden lässt sich aber durch gezielte Düngung mit Algenkalk oder kohlensaurem Naturkalk problemlos aufwerten.

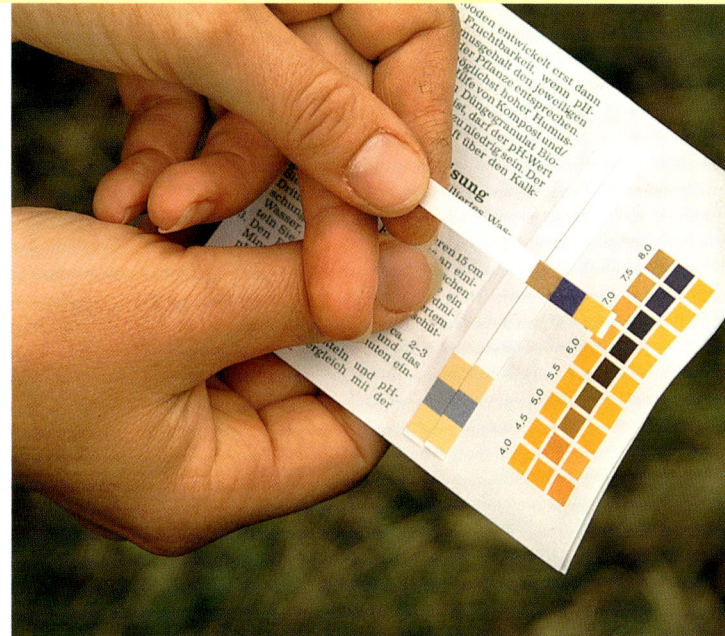

> *Der pH-Wert lässt sich mit Teststreifen vom Fachhandel leicht selbst ermitteln.*

Organische Anteile

Das A & O eines fruchtbaren Bodens ist sein Gehalt an organischer Substanz, die nicht nur die biologische Aktivität des Bodens anregt, sondern auch die Bodenstruktur verbessert. Selbst ausgelaugte oder von Natur aus nährstoffarme Böden werden mit regelmäßigen Humusgaben in Form von Kompost (→ Seite 24/27) oder durch organische Düngung (→ Seite 22/23) zu fruchtbarem Gartenland aufgebessert. ■

CHECKLISTE

Idealer Gartenboden

Ein solcher Boden ist der Wunschtraum aller Gärtner:

- ✔ Der Oberboden (Mutterboden) ist mindestens 25–30 cm hoch.
- ✔ Er saugt Wasser auf, ist aber nicht staunass.
- ✔ Er enthält viel Luft.
- ✔ Er ist krümelig und lässt sich leicht bearbeiten.
- ✔ Er hat einen neutralen pH-Wert.
- ✔ Er enthält viel Humus.
- ✔ Er enthält reichlich wasserlösliche Mineralien.
- ✔ Er erwärmt sich schnell.

Einblick in das Bodenleben

Organische Bestandteile wie Kompost und Humus sind wertvolle Komponenten für fruchtbaren Gartenboden. So wie Gesteine zu Tonmineralen verwittern, so verwesen tote Tiere und Pflanzen und ihre Abfallprodukte zu Humus. Unzählige Bodentiere und mikroskopisch kleine Lebewesen »stürzen« sich auf jedes Blatt und jeden organischen Abfall am Boden. Sie zersetzen die tote Substanz und führen sie über ihre Losung wieder in den biologischen Kreislauf ein. Es sind Milliarden von Lebewesen, die eine einzige Hand voll Erde besiedeln:

➤ Regenwürmer, Asseln, Hundertfüßer, Spinnen, Käfer, Larven, Schnecken
➤ Milben, Springschwänze, Fadenwürmer, Rädertiere
➤ Algen und Flechten
➤ Pilze, Strahlenpilze
➤ Urtierchen, Wimpertierchen, Wurzelfüßer
➤ Bakterien, Einzeller

Jeder (Mikro-)Organismus hat eine bestimmte Aufgabe in der »Putzkolonne«, und alle arbeiten Hand in Hand.

Boden gut machen

Am Ende des Abbauvorgangs entsteht Humus, ein braunes krümeliges Gemisch aus hoch komplizierten organischen Verbindungen. Humus lockert den Boden, speichert Wasser und Nährstoffe, reichert den Boden mit Lebewesen an, erwärmt sich rasch und lässt sich leicht bearbeiten. Seine Boden verbessernden Eigenschaften (→ Seite 18/19) sind beim Gärtnern unverzichtbar.

Bestes Arbeitsklima

Damit die »Bodenhelfer« fleißig arbeiten und die Verrottung richtig abläuft, müssen bestimmte Bedingungen erfüllt sein:

➤ Warm sollte es sein, am besten ca. 20 °C. Bei Frost und Hitze wird »gestreikt«.

Bei Blättern, die auf den Boden fallen, verrotten die weichen Anteile schnell, die festen Blattadern bleiben länger erhalten.

> *Regenwürmer sind unsere fleißigsten Helfer im Boden: Pausenlos zerkleinern und verdauen sie organische Substanz.*

➤ Feucht, aber keinesfalls staunass darf der Boden sein. In nassem, also luftarmem Boden verfault organische Substanz, und es bilden sich übel riechende, schleimige Stoffe, die teilweise sogar für Pflanzen giftig sind.

➤ Ohne Luft geht gar nichts. Nur an der Oberfläche oder im aufgelockerten Oberboden findet die gewünschte »aerobe« Verrottung statt.

➤ »Leicht verdaulich« soll es sein. Ernteabfälle und organische Dünger gehören zum Leibgericht der Bodenhelfer.

Guten Umsatz machen

In Abhängigkeit von äußeren Bedingungen und Ausgangsmaterial entstehen verschiedene Humusarten:

➤ Zarte, junge Pflanzenteile wie Rasenschnitt, organischer Dünger und Mist werden fast vollständig in einzelne Substanzen wie Kali, Magnesium und Stickstoff zerlegt.

➤ Äste, Staudenstängel, Fichtennadeln oder Stroh verrotten langsam und unvollständig. Der dabei entstehende Dauerhumus ist weniger nährstoffreich, lockert aber den Boden gut auf.

Die ideale Mischung aus beiden Humusformen erreichen Sie durch abwechselndes Aufschichten beim Ansetzen des Komposts (→ Seite 26/27).

Leben und leben lassen

Humus ist nicht nur voller Leben, er ändert sich ständig und braucht Pflege und Schutz! Offene, der sengenden Sonne ausgesetzte Böden, Mineraldünger, Monokulturen und falsche Bodenbearbeitung schaden ihm nachhaltig. So bleibt Ihr Boden humos und fruchtbar:

➤ Verwenden Sie organischen Dünger, Mist oder Kompost.

➤ Mulchen Sie mit Rasenschnitt, Rindenmulch oder Blättern (→ Seite 36/37).

➤ Säen Sie im Winter Gründüngung (→ Seite 28/29).

➤ Verteilen Sie im Winter Laub zwischen Stauden und Ziergehölzen.   ■

PRAXISINFO

Hier ist der Wurm drin

Regenwürmer sind für guten Boden unersetzlich:

✗ Bis zu 400 Regenwürmer besiedeln 1 m² humosen Boden.

✗ Regenwurmgänge führen durch mehrere Bodenschichten, lockern die Erde auf und reichern sie mit Luft und Wasser an.

✗ Mineralische und organische Substanzen werden im Darm zu den begehrten Bodenkrümeln (Losung) verbunden.

✗ Die Regenwurmlosung enthält 7× so viel Stickstoff, 3× so viel Kali, 6× so viel Magnesium und doppelt so viel Kalk wie »unverdaute« Erde.

Unkraut
vergeht nicht

Wildkräuter wachsen nicht zufällig in Ihrem Garten, denn sie sind an bestimmte Standorte angepasst. Als so genannte Zeigerpflanzen verraten sie Ihnen einiges über die Qualität Ihres Bodens. Verlassen Sie sich bei Ihrer Detektivarbeit aber nicht nur auf eine oder zwei Pflanzenarten – beachten Sie die gesamte Flora auf Ihrem Grundstück.

> Der hübsche **Hasenklee** (*Trifolium arvense*) liebt durchlässige, warme, aber magere, sandige Böden, die wenig Kalk enthalten und einen niedrigen pH-Wert aufweisen.

> Das **Scharbockskraut** (*Ranunculus ficaria*) ist ein Zeiger für feuchte Plätze mit humosem oder lockerem, lehmigem Boden. Es breitet sich durch Wurzelausläufer aus.

Acker-Stiefmütterchen
(*Viola tricolor* ssp. *arvensis*)
deuten auf einen kalkrei-
chen, alkalischen Boden
hin. Ihre kantigen Stiele
sind verzweigt. Acker-Stiefmütterchen sind robust,
frosthart und säen sich
selbst aus.

Wo **Ackerschachtelhalm**
(*Equisetum arvense*)
wuchert, ist der Boden vor
allem nass. Oft zeigt die
Pflanze einen verdichteten
Unterboden an.

Wer die kleine **Sternmiere**
(*Stellaria media*) mit ihren
winzigen weißen Blüten
reichlich im Garten findet,
freut sich über einen humosen, garen Boden. Sternmiere ist als Salatbeigabe ess-
bar und sehr vitaminreich.

Der **Gewöhnliche Steinklee** (*Melilotus officinalis*) zeigt
sonnige, trockene, eher magere Standorte an. Er wächst
auf steinigen, kalkhaltigen Böden. Beim Trocknen ver-
strömt er einen herrlichen Waldmeister-Duft.

Die Nährstoffversorgung sichern

Zum guten Gedeihen brauchen Pflanzen ausreichend Nährstoffe, sonst kommt es zu Mangelerscheinungen. Pflanzen nehmen Nährstoffe am leichtesten als gelöste Salze auf. Diese bilden sich bei der Verwitterung (→ Seite 6/7), wenn sich Kalk, Kalium, Phosphor und andere Elemente aus dem Gestein zu Salzen im Bodenwasser lösen, das die Hohlräume zwischen den Erdkrümeln füllt. Wie

> Bei Eisenmangel werden die jüngeren Blätter gelb, die Adern bleiben grün.

nahrhaft ein Boden von Natur aus ist, hängt vom Verwitterungsgrad und vom Ausgangsgestein ab. Granit bringt saure, sandige und magere, Basalt dagegen eher kalkhaltige, lehmige und nährstoffreiche Böden hervor.

Rundum-sorglos-Paket
Durch Bodenpflege, Düngung und Kompostwirtschaft steigert und erhält der Gärtner die Fruchtbarkeit jedes noch so mageren Bodens. In guten organischen Düngern oder im Kompost sind alle wichtigen Pflanzennährstoffe enthalten, ein richtiges »Rundum-sorglos-Paket«. Es kann aber trotzdem nicht schaden, die Bedeutung der Nährelemente zu kennen und zu wissen, wie Mangelerscheinungen aussehen.

Die Hauptnährelemente
Die vier wichtigsten Nährstoffe, die für jedes Pflanzenwachstum unerlässlich sind, sind Stickstoff, Kalium, Phosphor und Kalk/Kalzium. **Stickstoff** (N) ist das wichtigste Nährelement, jedenfalls

wird es von Gärtnern am häufigsten mit einer Düngung zugeführt. Er stammt nicht aus dem Gestein, sondern aus der Luft oder aus verrottender organischer Substanz. Dabei wandeln Bodenbakterien den im Eiweiß gebundenen Stickstoff in wasserlösliches Nitrat um, das von den Pflanzen aufgenommen werden kann. Stickstoff ist verantwortlich für das Wachstum von Trieben und Blättern. Beim Blattgrün bewirkt er die intensive dunkle Grünfärbung. Mangelerscheinungen zeigen sich in:
➤ Kümmerwuchs und kaum nennenswertem Ertrag,
➤ einer hellgrünen Färbung und dem vorzeitigen Abfallen älterer Blätter,
➤ vorzeitiger Blüte.
Stickstoffreiche Dünger sind:
➤ Hornmehl, Hornspäne, Pferdemist, Geflügelkot, Guano, Blutmehl, Rizinusschrot.
Kalium (K) entsteht bei der Verwitterung von Tonmineralen. Es festigt die Zellwände, reguliert die Wasserverdunstung und stärkt dadurch

> *Gesteinsmehl weist einen hohen Anteil an Tonmineralen und Silikaten auf.*

die Widerstandskraft gegen Pilzkrankheiten und Witterungsschäden. Es erhöht die Haltbarkeit von Früchten und die Frosthärte von Gehölzen. Mangelerscheinungen sind selten und zeigen sich in:
➤ schlaffen Pflanzen, die bei Trockenheit schnell welken,
➤ zuerst aufgehellten, später braunen Blatträndern.
Kalireiche Dünger sind z. B.:
➤ Patentkali, Holzasche, Algenprodukte.
Phosphor (P) fördert die Blütenbildung und Fruchtreife. Er ist Bestandteil von Enzymen. Gartenböden sind

oft mit Phosphor überdüngt. Mangelerscheinungen erkennt man an:
➤ rötlichen oder bräunlichen Verfärbungen älterer Blätter,
➤ Blüten und Fruchtarmut.
Phosphorreiche Dünger sind:
➤ Knochenmehl, Guano, Geflügelmist, Rohphosphat, Thomasmehl.
Kalzium (Ca) wirkt basisch und beeinflusst somit den Säuregrad des Bodens (pH-Wert, → Seite 9). Es bindet Säuren, festigt die Krümelstruktur und fördert auf diese Weise das Bodenleben. Auf sauren und ausgelaugten Böden und bei der Kompostierung sind zusätzliche Kalkgaben sinnvoll. Beachten Sie aber, dass einige Pflanzen (z. B. Rhododendron) keinen Kalk vertragen. Kalkmangel zeigt sich in:
➤ Versauerung des Bodens,
➤ schlechter Wurzelbildung.
Diese Dünger sind kalkreich:
➤ Kohlensaurer Kalk, Kalkmergel, Algenkalk, Gesteinsmehl, Thomasmehl.

Nebenelemente

Einige Nährstoffe sind wichtig, werden aber nur in geringen Mengen benötigt:
Silizium (Si) stärkt die Zellwände und ist als Haupt-

bestandteil aller Gesteine immer reichlich vorhanden.
Magnesium (Mg) ist maßgeblich an der Bildung des Blattgrüns beteiligt und findet sich in den meisten Erden in ausreichender Menge.
Schwefel (S) wird dem Boden durch sauren Regen oft mehr als nötig zugeführt.

Spurenelemente

Eisen, Mangan, Kobalt, Bor, Zink, Molybdän, Kupfer und Chlor brauchen die Pflanzen nur in kleinsten Mengen. Sie sind in Pflanzenstärkungsmitteln enthalten. ■

PRAXISINFO

Unterirdische Helfer

Die Luft besteht zu fast 80 % aus Stickstoff in reiner, gasförmiger Form, den Pflanzen aber nicht nutzen können.

✗ »Knöllchenbakterien« wandeln Stickstoff in pflanzenverfügbare Form um. Sie leben in Symbiose mit den Wurzeln von Hülsenfrüchten.

✗ Gründüngung mit Hülsenfrüchten reichert den Boden mit verfügbarem Stickstoff an (→ Seite 28/29).

✗ Für die Gründüngung eignen sich z. B. Klee, Luzerne oder die dekorative Lupine.

Vielfalt der Bodenarten

Bodenverbessernde Maßnahmen machen nur Sinn, wenn man die Beschaffenheit des Bodens kennt. Welche Eigenschaften Ihr Boden hat, hängt im Wesentlichen von der Korngröße der Mineralien ab. Nach ihrem

Bei der Schlämmprobe setzen sich die leichtesten Teilchen oben ab.

Durchmesser teilt man sie in folgende Kategorien ein:
- ➤ Stein: > als 20 mm
- ➤ Kies: 2–20 mm
- ➤ Sand: 0,06–2 mm
- ➤ Schluff: 0,002–0,06 mm
- ➤ Ton: < als 0,002 mm.

Am häufigsten ist Lehmboden, in dem Korngrößen aller Art in unterschiedlichen Anteilen vorliegen. Aufgrund des hohen Kalkgehaltes ist er von Natur aus nährstoffreich. In Schluff- und Tonböden sind kleine Korngrößen vorherrschend, die zwar eine gute Wasserhaltekapazität, aber sehr schlechte Luft- und Wasserzirkulation bewirken. Sandböden sind grobkörnig und von Natur aus nährstoffarm und trocken.

Schlämmprobe

Eine bewährte Methode, um die Korngrößenanteile zu ermitteln, ist die Schlämmprobe. Dazu geben Sie etwas Erde in ein wassergefülltes Einmachglas, schrauben es gut zu und schütteln kräftig.
- ➤ Sand sinkt schon nach wenigen Minuten zu Boden.
- ➤ Feine Tonteilchen schweben noch lange im Wasser.
- ➤ Nach ein paar Stunden erkennt man die Schichtung von Sand, Schluff und Ton.
- ➤ An der Wasseroberfläche schwimmen noch nicht zersetzte, grobe organische Teile.

- ➤ Je dunkler das Wasser ist, desto mehr Humus enthält der Boden, denn viele Humusstoffe sind wasserlöslich.

Bodenuntersuchung

Wer es ganz genau wissen will, schickt eine Bodenprobe an ein Bodenuntersuchungsinstitut. Die Analyse gibt Aufschluss über die Bodenart, den pH-Wert und die Nährstoffversorgung des Bodens. Eine Standarduntersuchung kostet nur wenige Euro, für genaue Angaben zu Düngung und Verbesserungsmaßnahmen zahlen Sie etwas mehr. Aufwändig und entsprechend teuer ist eine Untersuchung nach dem Gehalt an Spurenelementen und organischer Substanz. Wichtig ist, dass Sie die Bodenprobe richtig ziehen: Entnehmen Sie an zehn gleichmäßig über den Garten verteilten Stellen je eine Hand voll Erde und mischen Sie sie in einem Eimer gründlich durch. Wiegen Sie ein halbes Kilo davon ab und schicken Sie es gut verpackt an eine Bodenuntersuchungsanstalt (Adressen → Seite 61).

> **1 Sandboden**

In einem solchen Boden könnte man die Körner sogar einzeln zählen. Die Erde ist überhaupt nicht bindig.

> **2 Humoser Boden**

Humoser Boden mit guter Krümelstruktur ist formbar und backt als bröseliger Klumpen zusammen.

> **3 Ton-/Lehmboden**

Lehmiges oder toniges Substrat lässt sich leicht zu einer Wurst rollen.

Aufs Korn genommen

Die Bodenart in Ihrem Garten können Sie mit der Fingerprobe leicht selbst ermitteln. Reiben Sie dazu etwas Erde zwischen den Fingern:

Sand: Sie können deutlich die einzelnen Körner erkennen und spüren. Die Erde rieselt förmlich durch die Finger.

Lehmiger Sand: Die Erde ist körnig, aber etwas bindig. Es lässt sich ein bröseliger Klumpen formen, doch zu einer Wurst lässt sich die Erde noch nicht ausrollen.

Löss: Einzelne Körner lassen sich kaum unterscheiden. Die Erde fühlt sich mehlig an, lässt sich nicht ausrollen und kaum zu Klumpen kneten.

Sandiger Lehm: In der feinerdigen Substanz sind noch Sandkörner zu spüren. Es knischt, wenn man die Erde zwischen Daumen und Zeigefinger reibt. Sie lässt sich zu einer bleistiftdicken, aber rissigen Wurst rollen.

Lehm: Die Erde enthält nur wenig Sand und knirscht daher nicht zwischen den Fingern. Sie lässt sich gut rollen.

Lehmiger Ton: Die Erde ist plastisch, mit glänzend glatter Oberfläche, lässt sich sehr dünn ausrollen und zeigt keine Risse. Sie knirscht etwas zwischen den Zähnen.

Ton: Die Erde knirscht nicht zwischen den Zähnen und ist so weich und formbar wie ein Stück Butter.

Die Korngrößen wirken sich auch auf das Bodengefüge aus (→ Praxisinfo). ■

Den Boden verbessern

Egal ob durchlässiger Sand oder schwerer Lehm, jeder Boden lässt sich mit der Zeit deutlich verbessern.
Ein Patentrezept für schlechte Böden gibt es natürlich nicht, aber mit etwas Geduld und

> **>** Das Eingraben der Gründüngung führt nahrhafte Biomasse zu.

der richtigen Methode werden schon bald erste Erfolge in Form blühender Beete und üppiger Ernten sichtbar. Je nach Bodenart gibt es mehrere Möglichkeiten, wie Sie Boden »gut« machen können.

Leichte Böden

Sandige Böden sind grobkörnig, leicht zu bearbeiten und stets gut belüftet. Aber Wasser und Nährstoffe fließen kaum genutzt durch die großen Poren in das Grundwasser. Das Ausgangsgestein ist meist Granit, das viel Quarz (Kieselsäure, Si) enthält, aber wenig Mineralien, Kalk und Tonminerale. Sandböden sind deshalb oft sauer, trocken und nährstoffarm. Ihre Kapazität, Wasser und Nährstoffe zu speichern, lässt sich aber erhöhen:
> **➤** Tonmehl (z. B. Bentonit) speichert Wasser. Streuen Sie pro Jahr ca. 150 g/m^2 aus. 1 g bindet bis zu 20 g Flüssigkeit!

> **➤** Kompost ausbringen. Hier gilt die Regel: Viel hilft viel!
> **➤** Niedrige pH-Werte kann man mit kohlensaurem Kalk aufpäppeln: 30 g pro 100 m^2 erhöhen den pH-Wert um 1 Grad, also z. B. von 5 auf 6.
> **➤** Sandböden dürfen nie offen liegen. Gründüngung (→ Seite 28/29) im Winter und eine Mulchdecke im Sommer verhindern, dass der Boden rasch austrocknet.

Schwere Böden

Tonige und stark lehmige Böden weisen einen hohen Anteil feiner Korngrößen auf. In ihren Poren bleibt kaum Zwischenraum für Wasser

SPARTIPP

Fruchtbare Maulwurfserde >>gesund und fruchtbar

Kaum ein Gärtner wird begeistert sein, wenn sich Maulwurfshügel in seinem Garten auftürmen. Dabei könnte er kein besseres Kompliment für seinen Gartenboden bekommen. Maulwurfaktivität ist immer ein Zeichen für gesunden, humosen und fruchtbaren Boden. Mit ihren Gängen lockern Maulwürfe den Boden bis in tiefe Schichten auf und fördern kostenlos krümelige, bestens aufbereitete Gartenerde zu Tage, die sich z. B. hervorragend für selbst gemischte Blumenerden eignet (→ Seite 39).

und Luft. Bei Trockenheit bilden sich Risse, und nach Regen kleben Erdklumpen unter den Schuhen. Dafür ist die Wasser-und Nährstoff-speicherkapazität sehr hoch. Schwere Böden können Sie auflockern:

➤ Sand in den Oberboden einarbeiten (am besten Bausand mit Körnung 0/3).

➤ Verrotteten Kompost ein-arbeiten: Er unterstützt die Bodentiere, die den Boden durchwühlen und lockern.

➤ Lassen Sie den Boden über Winter grobschollig gelockert offen liegen. Frost sprengt die festen Erdklumpen und hin-terlässt eine lockere Erde.

➤ Im Sommer braucht die Erde eine Schutzschicht aus Pflanzen oder Mulch.

➤ Düngen Sie mit verrotte-tem Stallmist.

Mittlere Böden

Lehmige Böden sind von Na-tur aus ideale Gartenerden. Um ihre Struktur zu verbes-sern, müssen Sie nicht mehr viel tun. Die schon vorhan-dene, gute Krümelstruktur bewahren Sie durch:

➤ regelmäßige Kompost-düngung (→ Seite 24–27),

➤ Mulchen (→ Seite 36/37),

➤ Gründüngung.

> *Grober Sand lockert leh-mige Böden auf, so wach-sen zarte Wurzeln besser.*

Moorböden

haben eine hohe Wasser- und Nährstoffspeicherfähigkeit und sind gut zu bearbeiten. **Hochmoorböden** sind kalk-frei, sauer und nährstoffarm.

➤ Kohlensaurer und Algen-kalk erhöhen den pH-Wert.

➤ Ton- und Gesteinsmehl reichern Spurenelemente an.

➤ Organische Dünger erhö-hen die Nährstoffversorgung. **Niedermoorböden** sind dagegen kalkhaltig und näh-stoffreich. Wunderbares Gärt-nern ist damit garantiert! ■

CHECKLISTE

Boden gut gemacht

Drei einfache Mittel wir-ken Wunder auf jedem noch so kargen Boden.

✔ **Kompost:** In Sandböden wird durch die Humus-anteile die Speicherkapa-zität erhöht. In Tonböden sorgen die Bodentiere mit ihren Gängen für bessere Durchlässigkeit.

✔ **Mulch:** Auf Sand- und Tonböden schützt er vor oberflächlicher Austrock-nung und Trockenrissen.

✔ **Gründüngung:** Auf Sand-böden wirkt sie als Frost-schutz, auf Tonböden als Schutz vor Trockenrissen.

Wettrennen der
Feuerbohnen

Welche Bohne wächst am schnellsten? Probiert mal aus, in welcher Erde Pflanzen sich am wohlsten fühlen. Bereitet drei gleich große Ton-Blumentöpfe vor: Auf den einen schreibt ihr mit wasserfestem Acryl-Lack das Wort »Sand«, auf den zweiten »Sand+Kompost« und auf den dritten »Erde«. Natürlich könnt ihr auch Etiketten nehmen. Füllt in den «Sand«-Topf etwas Sand aus eurem Sandkasten und lasst oben einen daumenbreiten Rand übrig. In den zweiten Topf gebt ihr eine Mischung aus vollreifem und gesiebtem Kompost und Sand. In den dritten Topf kommt Gartenerde. Drückt nun in jeden Topf drei Bohnenkerne etwa 1 cm tief in die Erde. Dann gießt ihr in alle Töpfe etwas Wasser und stellt sie an eine warme, sonnige Stelle. Damit die Erde nicht austrocknet, könnt ihr eine Klarsichtfolie oder -tüte darüberstülpen.

Kontrolliert jeden Tag, ob die Erde noch feucht ist. Bald erscheinen die ersten Keimlinge. Steckt nun einen Stock (z.B. Bambusstange) neben die Keimlinge in jeden Topf. Daran können sich die Pflanzen emporwinden. Nach einiger Zeit zeigt sich, in welcher Erde die Bohnen am kräftigsten und am höchsten wachsen. Dann nehmt ihr die Pflanzen heraus und messt ihre Länge mit einem Meterstab. Wer hat gewonnen?

Für das Wettrennen

🕐 **Zeitbedarf:** 30 Minuten

Material:

- ✗ 3 einfache Tontöpfe
- ✗ 9 Feuerbohnensamen
- ✗ je 2 Hände voll Sand, Gartenerde und reifen Kompost
- ✗ 3 durchsichtige Plastiktüten
- ✗ 3 Stöcke als Kletterhilfen
- ✗ 3 Etiketten oder etwas Acryllack zum Bemalen

Los geht's!

Füllt in einen Topf Sand, in den zweiten das Kompostgemisch und in den dritten Gartenerde und pflanzt je drei Samen hinein. Dann wird die Erde gut angefeuchtet.

Immer wachsam bleiben

Stellt die drei Töpfe an eine sonnige, warme Stelle und gießt sie regelmäßig. Zu nass darf die Erde aber nicht werden. Sobald die Keimlinge erscheinen, steckt ihr einen Stock in die Erde.

Auf der Zielgeraden

Bald könnt ihr sehen, in welchem Topf und in welcher Erde die Bohnen am schnellsten wachsen und auch am gesündesten aussehen. Viel Spaß!

Dünger auswählen

Mit der Düngung geben wir dem Boden Nährstoffe zurück, die ihm im natürlichen Stoffkreislauf durch Ernten entzogen werden.

Alle Pflanzen entziehen dem Boden Nährstoffe – manche mehr, manche weniger. Ziergehölze kommen ohne Düngung aus, wenn sie in einem normalen Gartenboden wachsen. Gemüse, Obst und Sommerblumen brauchen dagegen regelmäßige Nährstoffgaben. Es gibt verschiedene Düngemittel:

➤ Organische Dünger sind natürlichen Ursprungs (Algenkalk) oder Abfallprodukte der Tierhaltung (Stallmist).

➤ Mineral- oder Kunstdünger wird industriell hergestellt, z. B. Blaukorn, Kalkstickstoff, Kalimagnesia oder Thomasmehl.

Mineralische Dünger

Pflanzen nehmen Nährstoffe im Wesentlichen als im Bodenwasser gelöste Salze auf. Deshalb kann man mit wasserlöslichen, chemisch erzeugten Mineraldüngern schnell die Ernteerträge steigern. Mit Mineraldünger ernährte Pflanzen gewöhnen sich aber schnell daran und reduzieren dann eigene Antriebskräfte und die Produktion von Abwehrstoffen gegen Krankheiten und Schädlinge. Zudem wirkt sich Mineraldünger langfristig negativ auf die Bodenstruktur und das Bodenleben aus. Pflanzenwurzeln können auch hoch komplexe organische Stoffe aufnehmen. Deshalb ist eine organische Düngung der Mineraldüngung eindeutig vorzuziehen.

Organische Dünger

Bei der natürlichen Düngung wird in erster Linie der Boden genährt, was den Pflanzen letztendlich zugute kommt. Mikroorganismen in der Erde nehmen den Dünger auf und verarbeiten ihn so, dass lösliche pflanzenverfügbare Nährstoffe entstehen. Er wirkt daher nicht sofort, sondern erst nach einer gewissen Zeit, dafür hält die Wirkung aber lange an und Sie brauchen meist nur einmal pro Saison düngen. Wegen seiner geringen Wasserlöslichkeit wird er auch bei Regengüssen nicht so schnell ausgewaschen.

➤ **Organische Volldünger** gibt es im Fachhandel, auch für spezielle Pflanzengruppen. Sie enthalten bereits alle wichtigen Nährstoffe in einer ausgewogenen Mischung und sind teilweise sogar mit Mikroorganismen »geimpft«.

Dieser Spezialdünger ist genau auf die Ansprüche von Rosen abgestimmt.

Kompost mal flüssig

Auch aus Kompost können Sie einen Flüssigdünger herstellen, der hungernden Pflanzen schnell Nährstoffe zuführt. Verrühren Sie etwa 1 l Kompost mit 10 l Wasser und lassen Sie alles 1 bis 2 Wochen lang an einem kühlen Platz stehen. Den daraus entstehenden Sud können Sie 1:10 mit Wasser verdünnt über die Pflanzen sprühen, denn sie nehmen gelöste Nährstoffe auch über die Blätter auf. Zum normalen Gießen wird die Brühe 1:5 verdünnt.

> *Regelmäßige Kalkgaben sorgen dafür, dass sich Humusteilchen mit Tonmineralen zu Bodenkrümeln verbinden.*

Geeignete Dünger

Diese Dünger sind besonders stickstoffhaltig:

- ✗ Hornspäne, -gries, -mehl
- ✗ Guano
- ✗ Brennnesseljauche
- ✗ Verrotteter Stallmist von Pferden oder Kühen
- ✗ Verrotteter Kleintiermist, z. B. von Hamstern und Hasen
- ✗ Pellets aus Rindermist
- ✗ Blutmehl
- ✗ Rizinusschrot
- ✗ Traubentrester
- ✗ Organische und organischmineralische Dünger

➤ **Organisch-mineralische Dünger** bestehen aus einer Mischung beider Anteile und bieten sich besonders für Böden an, denen es an Mineralien wie z. B. Kali oder Spurenelementen fehlt.

Bei der Tierhaltung oder Lebensmittelproduktion fallen Abfallstoffe an, die sich als Dünger eignen:

➤ **Stallmist:** Er enthält viel Stickstoff, Phosphor, Kalzium und Kali und kurbelt das Bodenleben wirkungsvoll an. Er sollte nur vorkompostiert auf die Beete verteilt werden,

damit keine Schädlinge angelockt werden. Hühnerdung aus konventioneller Haltung ist dagegen zu oft mit Antibiotika belastet.

➤ **Horndünger** aus Hufen und Hörnern liefert Stickstoff und zersetzt sich schnell in gemahlener Form. Grobe Hornspäne wirken langsam, dafür aber lang anhaltend.

➤ **Knochenmehl** ist reich an Phosphor und Kalzium.

➤ **Rizinusschrot** fällt bei der Ölpressung an und ist ein rein pflanzlicher Dünger, der viel Stickstoff liefert. ∎

Ein Platz für den Kompost

Kompost aus Eigenproduktion ist der beste Bodenverbesserer und Dünger für Ihren Garten.
Reifer Kompost enthält jede Menge Humus, Nährstoffe in ausgewogener Mischung und unzählige Bodenlebewesen. Damit Ihre Garten- und Küchenabfälle schnell zu dem begehrten Humus verrotten, ist es notwendig, beim Kompostieren ein paar einfache Grundregeln zu beachten.

Der richtige Platz

Eine harmonische Rotte findet nur bei gleichmäßigen Feuchtigkeits- und Wärmeverhältnissen statt. In einem nasskalten Gartenwinkel arbeiten die Mikroorganismen zu langsam, in sonniger Südlage vertrocknen sie. Legen Sie den Kompostplatz am besten im Halbschatten einer Hecke, unter einem Baum oder einem Hasel- oder Holunderbusch an.

Miete oder Behälter?

Die ursprüngliche und einfachste Form ist das Kompostieren in einer »Miete«, einem ordentlich, oben spitz zulaufend oder trapezförmig aufgeschichteten Haufen. Mieten beanspruchen allerdings viel Platz, denn ihre Grundfläche ist relativ groß. In kleinen Gärten haben sich daher Kompostbehälter durchgesetzt. Diese bieten meist auch einen schöneren Anblick als lose Haufen. Es gibt verschiedene Modelle im

> *Im Thermokomposter verrotten Gartenabfälle durch die größere Wärmeentwicklung schneller als in offenen Mieten.*

> *Ein windstiller Platz im Schatten von Bäumen ist ideal für Kompost.*

Fachhandel. Am besten, Sie schauen sich in einem Gartencenter um.

➤ **Thermokomposter** aus Kunststoff sind rundherum geschlossene, lichtundurchlässige, aber luftige Behälter. In einer Ausführung mit wärmeisolierten Doppelwänden erwärmt sich das Material darin im Sommer auf bis zu 70 °C, was die Bodenorganismen fördert und den Umsetzungsprozess beschleunigt. Dieser Effekt entspricht Verhältnissen, wie sie sonst nur in großen, offenen Mieten mit höheren Ansatzmengen erzielt werden können.

➤ **Kunststoffsilos,** auch aus Recyclingplastik, sind preisgünstig und praktisch. Es gibt viele Varianten zum Aufklappen oder Zusammenstecken.

Manche Gemeinden fördern den Kauf eines Recycling-Komposters mit Zuschüssen.

➤ **Holzbehälter** wirken natürlich und sind aus Rundhölzern leicht selber zu bauen. Holz verwittert allerdings recht schnell. Es gibt zahlreiche Modelle zu kaufen, auch mit haltbaren Metallkanten.

➤ **Betonsilos** oder gemauerte Kompostbehälter halten ewig, wirken aber sehr wuchtig. Achten Sie darauf, dass der Kompost durch Löcher und Schlitze in den Seitenwänden ausreichend belüftet werden kann.

Die Mischung macht's

Damit die Abfälle schnell verrotten und nicht verfaulen oder austrocknen, ist die richtige Mischung von feuchten, weichen Materialien und trockenen Zutaten ausschlaggebend.

Weiche Materialien wie Rasenschnitt, Küchenabfälle, ausgerupftes Unkraut, aber auch Stallmist enthalten relativ viel Stickstoff. Das fördert das Bodenleben und die Produktion pflanzenverfügbarer Nährstoffe.

Harte, holzige und strohige Materialien wie reines Stroh, Äste oder Staudenstängel

sind nährstoffarm. Davon allein können sich Bodenlebewesen kaum ernähren. Daher verrotten holzige Materialien langsam und werden zu Dauerhumus umgewandelt, der die Bodenstruktur positiv beeinflusst.

Kompost aus einer Mischung harter und weicher Abfälle enthält sowohl Nährstoffe als auch Dauerhumus und ist der ideale Bodenverbesserer. ■

CHECKLISTE

Richtig kompostieren

Auf den Kompost darf:

✔ Unkraut, das noch keine Samen angesetzt hat

✔ Rasenschnitt (höchstens 5–7 cm dicke Schichten)

✔ kleine Äste, Staudenstängel, Laub, Ernteabfälle, Fallobst (gut verteilen), Heckenschnitt, Kräuter

✔ ungekochte Küchenabfälle, Haare, unbehandelte Bananen- und Zitrusschalen (nur in kleinen Mengen), zerkleinerte Eierschalen, Kaffeesatz, Teeblätter

✔ Schnittblumen

✔ Holzasche (nur in kleinen Mengen)

Richtig kompostieren

Die Kunst beim Kompostieren ist die richtige Mischung und Schichtung von Material und nötigen Nährstoffen. Äste und Stängel zerkleinern Sie mit der Gartenschere, größere Mengen schreddern Sie im Häcksler. Legen Sie den Kompost immer auf

> Der nahrhafte Untergrund ist ideal für Einjährige wie Kapuzinerkresse.

offenem Boden und nicht auf undurchlässigen Betonflächen an. Beginnen Sie mit einer Lage Holzhäcksel oder kleinen Ästen. Das lockere Material fördert den Wasserabzug. Schichten Sie dann abwechselnd feuchte und trockene Abfälle darüber (→ Seite 24/25). Achten Sie darauf, dass Sie stark wasserhaltige Abfälle wie Fallobst oder Rasenschnitt gut verteilen, damit sich im Haufen keine Fäulnisherde bilden. Über jede neue 20–30 cm hohe Schicht streuen Sie je eine Hand voll Kalk und stickstoffhaltigen Dünger (→ Seite 22/23). Auch Kompostbeschleuniger oder Kompoststarter leisten gute Dienste. Bedecken Sie den Kompost zum Schluss mit Erde oder Stroh, damit er nicht austrocknet und warm bleibt. Den Kompostbehälter füllen Sie auf diese Weise bis oben voll. Eine offene Miete sollte am Fuß 1–1,5 m breit und etwas mehr als 1 m hoch sein. Ihre Länge hängt von der Materialmenge ab.

Optimale Rotte

Haben Sie den Kompost richtig aufgesetzt, erhitzt er sich im Inneren bis auf 70 °C. Während dieser »Heißrotte« sterben Unkrautsamen, Wurzelunkräuter und Krankheitserreger ab. Am Rand bleibt der Kompost kühler, und nach ca. zwei Monaten kühlt er auch innen wieder ab. Die Rotte lässt sich beschleunigen, wenn man den Kompost nach drei Monaten umsetzt, sodass das Material vom Rand nun innen zu liegen kommt. Damit leitet man erneut eine «heiße Phase» ein. Wenn Sie es nicht so eilig haben, lassen Sie ihn einfach ein paar Wochen länger liegen.

1 Ansetzen

Beim Aufschichten sortieren Sie das Material vor und mischen weiche Küchen- und Gartenabfälle mit strohigen, trockenen Stielen und Ästen.

2 Umsetzen

Wenn Sie Ihren Kompost nach einigen Monaten umschichten, beschleunigt sich die Verrottung und der Humus wird schneller reif.

3 Sieben

Reifen Kompost werfen Sie durch einen Sieb, um noch unverrottete grobe Teile auszusortieren. Diese landen erneut auf dem Kompost.

Wärmen und wässern

Für einen guten Reifeprozess sollten Sie den Kompost bei großer Sommerhitze gelegentlich wässern. Im Winter schützt eine Mulchfolie mit Schlitzen vor Austrocknung und verhindert, dass Regen die wertvollen Nährstoffe ins Grundwasser spült.

Die nötige Reifezeit

Im Frühjahr aufgesetzter und gleichmäßig feucht gehaltener Kompost ist oft schon im Herbst, spätestens im folgenden Frühjahr reif. Er ist dann braun und krümelig und duftet nach Erde. Im Herbst geschichtet, können Sie ihn erst im nächsten Sommer verteilen, denn bei Kälte halten die Mikroorganismen »Winterschlaf«. Im Thermokomposter reift er oft in nur drei bis vier Monaten heran.

Kompost ausbringen

Bevor Sie den Kompost auf den Beeten verteilen, sollten Sie die groben, unvollständig zersetzten Bestandteile heraussieben (→ Abb. 3). Harken Sie im Frühjahr und Herbst eine wenige Zentimeter hohe Schicht nur oberflächlich in die Erde ein. Beim Untergraben würden die wertvollen Bodenorganismen ersticken. Als Pflanzerde sollten Sie ihn zu gleichen Teilen mit Gartenerde und evtl. etwas Sand mischen; allein ist Kompost zu nahrhaft. ∎

Gründüngung mit Pflanzen

Mit einer Gründüngung bewahren und fördern Sie auf ganz einfache Weise die Fruchtbarkeit des Bodens. Für eine Gründüngung zieht man Pflanzen heran, nur um sie wegen der in ihr enthaltenen Nährstoffe bereits wenige Wochen später wieder in den Boden einzuarbeiten. Wichtig ist, dass Sie die Pflanzen vor der Blüte, wenn sie noch jung und saftig sind, mit allem Drum und Dran oberflächlich in den Boden einarbeiten (umgraben oder einhacken). Der Boden profitiert davon:

➤ Die Wurzeln lockern die Erde, auch tiefere Schichten.
➤ Die Pflanzen führen dem Boden als Biomasse Nährstoffe zu, besonders Stickstoff.
➤ Der Humusgehalt steigt durch die Biomasse, die Bodenstruktur wird verbessert.
➤ Die Pflanzendecke schützt vor Auswaschung der Nährstoffe und Austrocknung.

Wo sät man was?

Alle paar Jahre sollten Sie jedem Gemüsebeet eine Ruhepause gönnen und mehrmals hintereinander verschiedene Arten von Gründüngung säen. Auf einem Neubaugrundstück sollten Sie evtl. mit der Gartengestaltung warten und ein bis zwei Jahre Gründüngung säen, damit sich der Boden nach den Bauarbeiten von der Verdichtung durch die Baumaschinen erholen kann. Säen Sie z. B. ab April großflächig Sonnenblumen, Lupinen oder Kleearten (z. B.

> Phacelia lockert den Boden und wirkt auf Insekten unwiderstehlich.

Perserklee, Alexandriner Klee, Inkarnatklee) aus. Diese Pflanzen schicken ihre Wurzeln tief hinab und lockern verdichtete Schichten im Unterboden auf. Von März bis August säen Sie alternativ Buchweizen, Schmetterlingsblütler, *Phacelia* oder *Tagetes* und Ringelblumen aus.
Im Winter schützt eine Pflanzendecke leichte, sandige Böden vor frostigem Wind und Austrocknung. Dafür eignen sich z. B. Feldsalat und Spinat hervorragend, die, ab September ausgesät, im nächsten Frühjahr Vitamine für die Küche liefern.
Bis Oktober können Sie Winterroggen säen. Sein ausge-

> Sobald der Klee herangewachsen ist, wird er in das Beet eingegraben.

dehntes Wurzelsystem lockert den Boden.

Schwere, tonige Böden kann man mit Pflanzen, die über Winter abfrieren, lockern. Für diese so genannte Frostgare eignen sich z. B. Senf, Buchweizen oder Hafer, die ab September gesät werden. Im Frühjahr werden die abgestorbenen Pflanzen dann in den Boden eingearbeitet.

Unterirdische Helfer

Gründüngungspflanzen aus der Familie der Schmetterlingsblütler, wie z. B. Klee, Lupinen oder Wicken, sind in der Lage, Stickstoff zu sammeln (→ Seite 15). An ihren Wurzeln siedeln sich Bakterien an, die Luftstickstoff in pflanzenverfügbares Nitrat umwandeln und dieses in kleinen Knöllchen an den Pflanzenwurzeln anreichern. Deshalb eignen sie sich besonders gut als Bodenverbesserer im Gemüsegarten.

Pflanzenjauchen

Junges, frisch gezupftes Unkraut, wie z. B. Brennnesseln oder Ackerschachtelhalm und auch deren Wurzeln, enthalten viele Nährstoffe. Eine Jauche daraus ergibt guten Flüssigdünger. Schichten Sie das

> *Pflanzenjauchen sind milde, aber schnell wirksame Dünger für alle Gewächse.*

grob geschnittene Pflanzenmaterial in ein großes Gefäß. Füllen Sie es mit Wasser auf (ca. 10 l Wasser für 1 kg frisches Kraut) und decken Sie es ab. Die Jauche gärt, stinkt und schäumt nach kurzer Zeit. Rühren Sie täglich um. Nach ein bis zwei Wochen nimmt die Jauche eine klare, braune Färbung an. Dann ist sie fertig und kann mit Wasser verdünnt (1:5 bis 1:10) als Dünger an die Pflanzen gegossen werden. ■

PRAXISINFO

Aussaatzeiten für die Gründüngung

Folgende Monate sind günstig für die Aussaat von:

- ✗ Buchweizen: April–Aug.
- ✗ Feldsalat: Juli–Sept.
- ✗ Gelbsenf: März–Aug.
- ✗ Inkarnatklee: Juli–Sept.
- ✗ Lupinen: April–Sept.
- ✗ Luzerne: April–Aug.
- ✗ Phacelia: März–Aug.
- ✗ Ringelblumen: März–Juli
- ✗ Roggen: Aug.–Okt.
- ✗ Sonnenblumen: April–Juli
- ✗ Spinat: März–Okt.
- ✗ Tagetes: April–Mai

Für jeden Boden ein
schönes Beet

Welchen Bodentyp Sie auch haben – immer finden sich geeignete Pflanzen, mit denen Sie Beete dekorativ gestalten können.

Jede Pflanze stellt besondere Ansprüche an den Boden, auf dem sie wächst. Sie müssen beim Kauf also darauf achten, dass Sie Stauden und Gehölze wählen, die auf dem vorgesehenen Standort gut gedeihen. Sie brauchen den Boden dann nicht mit viel Mühe zu verändern, und die Pflanzen bleiben von selbst gesund und kräftig. Im Por-

trätteil (→ Seite 42 ff.) finden Sie Beispiele dafür, welche Pflanzen für welchen Bodentyp am besten geeignet sind. Um die Pflanzen dann gut zur Geltung zu bringen, sollten Sie einige Gestaltungs-Grundregeln beachten: Bei der Pflanzung setzen Sie zuerst wenige Ziergehölze und große, prächtige Stauden wie Pfingstrosen oder Steppenkerzen in den Hintergrund des Beetes. Danach pflanzen Sie mittelhohe Stauden wie Iris, Phlox oder Astern in Dreier- und Fünfergruppen.

Zum Schluss füllen Sie die noch verbleibenden Lücken mit Bodendeckern und kleinen Stauden auf. Diese weniger auffälligen Pflanzen setzen Sie immer zu mehreren in größeren Gruppen. Lassen Sie genügend Platz zwischen den Pflanzen – besonders Sträucher wachsen rasch zu stattlichen Büschen heran, und Stauden breiten sich aus. In den ersten Jahren nach der Pflanzung können Sie die Lücken zwischen Stauden und Gehölzen mit bunten Sommerblumen füllen.

Magere Böden: Auf durchlässigen Sand- und trockenen Kalkböden gedeihen sonnenhungrige und wärmebedürftige Arten.

Feuchte Böden: Sumpfige Standorte mit guter Nährstoffversorgung besiedeln nässeliebende Arten, die auch gut im Halbschatten wachsen.

▷ **Saure Böden:** Standorte mit sauren, nährstoffarmen, humosen Böden in feucht-schattigem Milieu bieten gute Wachstumsbedingungen für Moorbeetpflanzen.

▷ **Humose Böden:** Der Traum eines jeden Gärtners sind humus- und nährstoffreiche, krümelige Gartenböden, auf denen sich die üppige Blütenpracht eines artenreichen Staudenbeetes entfalten kann.

PRAXISINFO

Zum Nachahmen:

Pflanzen magerer Böden:

✗ Fackellilie (*Kniphofia*)
✗ Steppenkerze (*Eremurus*)
✗ Taglilie (*Hemerocallis*)

Pflanzen feuchter Böden:

✗ Etagenprimel (*Primula*)
✗ Fingerhut (*Digitalis*)
✗ Segge (*Carex*)
✗ Sumpfkalla (*Calla*)
✗ Sumpf-Schwertlilie (*Iris*)
✗ Sumpfvergissmeinnicht (*Myosotis*)

Pflanzen saurer Böden:

✗ Alpenrose (*Rhododendron*)
✗ Wurmfarn (*Dryopteris*)

Pflanzen humoser Böden:

✗ Mädchenauge (*Coreopsis*)
✗ Nachtkerze (*Oenothera*)
✗ Rose (*Rosa*)
✗ Sonnenbraut (*Helenium*)
✗ Storchschnabel (*Geranium*)
✗ Ziersalbei (*Salvia*)

Geräte für die Bodenbearbeitung

Sie brauchen nur wenige, aber gute und praktische Geräte, mit denen Sie den Boden bearbeiten können. Überlegen Sie gut, welche Geräte für Ihren Boden geeignet und sinnvoll sind. Einen sandigen Boden wird man mit anderen Geräten bearbei-

> Die Geräte sollten nach Gebrauch gründlich gesäubert werden.

ten als einen schweren Lehmboden. Auch gibt es Geräte mit vielfältigen Einsatzmöglichkeiten wie Krail oder Grabegabel, die jeder Gärtner braucht (→ Checkliste), und andere für sehr spezielle An-

wendungen, die man nur selten einsetzen wird. In jedem Fall lohnt es sich langfristig, zu qualitativ hochwertigen und damit langlebigen Produkten zu greifen.

Graben und Häufeln

➤ Die **Grabegabel** ist ein Universalgerät und sollte mitsamt der Tülle, die den Stiel umfasst, aus einem Stück geschmiedet sein, damit sie Belastungen aushält. Mit ihr lockert man den Boden, setzt Komposthaufen um, erntet Möhren und Kartoffeln und pflanzt Gehölze und Stauden.

➤ **Spaten** und **Schaufel** benötigt man zum Aus- und Einpflanzen von Gehölzen oder Stauden.

Boden lockern

➤ Auch der **Krail** oder **Vierzahn** ist universell einsetzbar. Er hat vier starke, spitz zulaufende Zinken, die rechtwinklig umgebogen sind. Indem Sie ihn durch den Boden ziehen, lockern Sie den Oberboden, harken Unkräuter aus dem Beet, arbeiten Kompost und Dünger ein und rechen die Erde glatt.

➤ Ein **Krümler** hat rotierende Sternräder, die das Saatbett besonders feinkrümelig aufbereiten.

➤ Den gleichen Effekt erzielen Sie mit einer **Garten-**

>>gesund und fruchtbar

SPARTIPP

Lockern und lüften

In leichter und krümeliger Erde ist der Sauzahn ein unersetzlicher Helfer, um flott und mühelos den Boden zu lockern. Das auch »Biolüfter« oder »SZ-Wühler« genannte Gerät besitzt einen großen, sichelförmig gebogenen Metallzahn an einem langen Stiel. Vom Beetrand aus (Sie verfestigen den Boden nicht, da Sie nicht auf das Beet treten müssen!) ziehen Sie den Sauzahn alle 10–15 cm diagonal durch das Beet. Die Gänsefußschar am Ende des Metallzahns verhindert, dass man dabei vom Boden abrutscht.

harke oder einem **Rasen-rechen**, wenn Sie die Zinken sanft in der Erde hin- und herschieben. Damit können Sie auch Pflanzenreste und Steine aus dem Beet ziehen und Gemüse anhäufeln (→ Abb. Seite 34).

Unkraut zupfen

➤ Für leichte Böden reicht der **Grubber**, ein Kultivator ohne Schare mit drei Zinken und schmaler Schneide. Sie setzen ihn dort ein, wo es auf Maßarbeit ankommt: Zwischen zarten Pflanzen lockern Sie vorsichtig den Boden und ziehen die Unkräuter mit den Fingern heraus.

➤ Ein **Kultivator (Sauzahn)** ist universell einsetzbar. Er hat drei oder fünf umgebogene Zinken mit kleinen Gänsefußscharen. Rückwärts gehend ziehen Sie das Gerät flach durch den Boden. Die Schare schneiden Unkräuter dicht unter der Bodenoberfläche ab oder reißen sie heraus. Für schwere Böden sind Kultivatoren mit starren Zinken und großen Gänsefußscharen geeignet, auf leichteren Böden reichen auch kleinere Schare (→ Spartipp).

➤ Eine **Ziehhacke** schont Ihre Bandscheiben. Rückwärts

> *Ein unentbehrliches Hilfsmittel für die Bodenlockerung und Unkrautentfernung ist der Kultivator.*

gehend ziehen Sie das Metallblatt dicht unter der Oberfläche durch den Boden. Das Unkraut wird im Wurzelbereich abgeschnitten und die oberste Bodenkruste aufgerissen. Achten Sie auf ein scharf geschliffenes, möglichst auswechselbares Edelstahlblatt.

➤ Der **Unkraut-** oder **Distelstecher** rückt tief wurzelndem Löwenzahn und Disteln zu Leibe. Am kurzen Griff sitzt ein langes, schmales Stahlblatt. Es sollte vorn eine leicht nach innen gerundete, scharfe Schneidefläche haben.

Kombisysteme

Systemgeräte bieten einige Firmen sowohl für langstielige wie für kurzstielige Geräte an. An einem einzigen Gerä-

testiel können Sie mit einem Schnellverschlusssystem verschiedene Geräteköpfe montieren und sehr schnell auswechseln. Diese Systeme sind haltbar und sehr praktisch. ■

Bodenpflege rund ums Jahr

Mit regelmäßiger und schonender Bodenbearbeitung bleibt die Erde lebendig, gesund und krümelig. Grundsätzlich sollten Sie darauf achten, dass der Boden nie längere Zeit brach liegt und somit trockener Sommerhitze oder beißendem Frost ausgesetzt ist (es sei denn, Sie möchten den Boden absichtlich mit einer Frostgare (→ Seite 29) lockern. Nicht bepflanzte Beete schützt eine Mulchdecke (→ Seite 36/37). Auf brach liegende Flächen säen Sie eine Gründüngung (→ Seite 28/29).

Im Frühling
Sobald der Boden nicht mehr gefroren und etwas abgetrocknet ist, können Sie mit der Bodenpflege beginnen. Im Ziergarten räumen Sie abgestorbene Pflanzenteile weg und lockern den Oberboden mit Grubber oder Harke. Dabei entfernen Sie Unkräuter, die sich über Winter »eingeschlichen« haben. Auch die im Herbst grobschollig gelockerten Gemüse- und Sommerblumenbeete werden mit Grubber oder Harke bearbeitet, sodass eine ebene, feinkrümelige Fläche entsteht.

Abgestorbene Gründüngung harken Sie, soweit vorhanden, heraus. Winter-Gründüngung (z. B. Winterroggen) ziehen Sie aus dem Boden und lassen die Pflanzen darauf liegen und verrotten. Stört Sie der Anblick, können Sie sie auch im Beet flach untergraben. Nach einiger Zeit harken Sie noch nicht verrottete Pflanzenreste aus dem Beet und arbeiten eine 1–2 cm dicke Schicht Kompost oder organischen Dünger leicht in die Erde ein, wo Nährstoffe fehlen. Dann können Sie mit der Aussaat beginnen.

▶ 1 Umgraben
Umgraben sollten Sie nur so tief, dass die einzelnen Bodenschichten nicht durcheinander geraten, um die Bodentiere nicht zu beeinträchtigen.

▶ 2 Unkraut jäten
Bearbeiten Sie im Sommer regelmäßig mit der Ziehhacke die Gemüsebeete. So kommt kein Unkraut auf, und die Erde bleibt länger feucht.

▶ 3 Erde anhäufeln
Bei Bohnen, Kartoffeln oder Lauch kann das Anhäufeln von Erde um die Jungpflanzen die Standfestigkeit erhöhen und den Ertrag steigern.

> *Eine Gründüngung mit Lupinen reichert den Boden mit Stickstoff an.*

Im Sommer

Die offene Erde zwischen Gemüse, Beerensträuchern und Stauden lockern Sie einmal in der Woche oberflächlich auf. In unberührtem, offenem Boden bilden sich feine, senkrecht verlaufende Röhrchen (Kapillaren), durch die das Bodenwasser aufsteigt und verdunstet. Unterbricht man sie, bleibt mehr Feuchtigkeit im Boden erhalten. Gleichzeitig entfernen Sie Unkräuter. Wenn Sie ausreichend gemulcht (→ Seite 36/37) haben, können Sie sich diese Arbeit natürlich sparen. Ist ein Beet abgeerntet oder frei von Zierpflanzen, lockern Sie es mit Harke oder Vierzahn und arbeiten wieder gesiebten Kompost ein, um der nächsten Kultur einen guten Start zu geben.

Im Herbst

Früher war es üblich, die Beete im Herbst grobschollig umzugraben, mit dem Effekt, dass sich schwerer, fester Boden unter der dann besseren Frosteinwirkung zu lockerer, krümeliger Erde (Frostgare) umbildet. Das Wasser im Boden dehnt sich beim Gefrieren aus und sprengt so grobe Erdschollen auf. Nur wird beim Umgraben das Bodenleben regelrecht »auf den Kopf gestellt«. Sauerstoffbedürftige Bodentiere, die nur im Oberboden genügend Luft bekommen, werden nach unten verfrachtet und ersticken. Auf leichten oder mittelschweren, humosen Böden kann man auf das Umgraben daher getrost verzichten. Nur auf schweren Böden kann es notwendig werden. Normalerweise reicht eine oberflächliche Lockerung mit Grabegabel oder Sauzahn. Schließlich wird der Boden mit Kompost oder anderen Mitteln gedüngt (→ Seite 22/23) und, wenn nötig, mit einer Mulchschicht vor Frost geschützt.

Im Winter

Im Winter gibt es nicht viel zu tun: Der Boden ruht sich aus. Betreten Sie die Beete nur, wenn sie gefroren sind, sonst verdichten Sie die Erde. Eine Schneedecke wirkt als natürlicher Frostschutz. Auf Lehmböden lockert Frost den Boden und macht ihn krümeliger. Wenn Sie den Winter für eine Gründüngung nutzen möchten, säen Sie auf schweren Böden nur Pflanzen, die über Winter absterben. Frostharte Pflanzen lassen sich im Frühjahr sonst nur mit Mühe herausziehen. Außerdem bleibt der Boden fest, da der Frost unter der schützenden Pflanzendecke schlechter wirkt. ∎

Mulchen – Balsam für den Boden

Unter einer schützenden Decke aus organischem Material bleibt die Erde gleichmäßig feucht und locker. In der Natur ist Boden nie lange ungeschützt der Witterung ausgesetzt. Entweder

> Eine Strohmulchdecke schützt Erdbeerfrüchte sehr gut vor Fäulnis.

bedeckt ihn Vegetation oder eine Schicht Laub oder Nadeln. Unter der schützenden Decke sind die Lebensbedingungen für die Bodenorganismen, die fleißig Humus produzieren, optimal.

Offener Boden dagegen verschlämmt bei Regen, und die Nährstoffe fließen ins Grundwasser. Bei Trockenheit dörrt er aus, und die Bodenlebewesen »verdursten«. Machen Sie es daher im Garten der Natur nach und bedecken Sie die Erde zwischen Gemüsereihen, Beerensträuchern und Stauden sowie unter Hecken und Ziergehölzen mit Mulchmaterial.

Vorteile des Mulchens

➤ Der Boden bleibt länger feucht, Sie müssen im Sommer seltener wässern.

➤ Die Mulchdecke schützt vor starkem Regen, die Nährstoffe bleiben erhalten.

➤ Im Winter kühlt der Boden nicht so stark aus, im Sommer bleibt er kühler.

➤ Mulchdecken aus nährstoffreichen Materialien »füttern« Bodenorganismen und liefern Nährstoffe nach.

➤ Es kommt kaum Unkraut durch die Mulchschicht auf.

Wann und wie?

Die Mulchdecke soll dick genug sein, um das Unkraut zu unterdrücken, aber nicht so hoch, dass keine Luft mehr in den Boden gelangt. Mulchen kann man das ganze Jahr, nur im Vorfrühling sollte das Material vorübergehend zur Seite geharkt werden, damit sich der Boden schneller erwärmt.

>> gesund und fruchtbar

TIPP

Mit Pappe gegen Giersch und Co.

Wenn Wurzelunkräuter wie Quecke, Ackerwinde oder Giersch im Garten überhand nehmen und Ihnen das Gärtnerleben schwer machen, gibt es ein gutes, wirkungsvolles Mittel: Aufgeschnittene, unbedruckte Pappkartons werden unter Sträuchern und in schattigen Gartenecken flächendeckend ausgelegt und verhindern so das Vordringen von Wurzelunkräutern. Der Karton lässt sich unter einer Schicht aus Rindenmulch verstecken.

> *Für die unterschiedlichen Anwendungen kommen verschiedene Mulchmaterialien infrage.*

Was und wo?

Es hängt von der jeweiligen Kultur ab, welches Mulchmaterial sich eignet:

➤ Im Gemüsegarten, unter Beerensträuchern und auf den Baumscheiben von Obstbäumen sind feuchte und weiche Pflanzenteile zu empfehlen, die beim Verrotten Nährstoffe freisetzen. Rasenschnitt wird leicht angewelkt ca. 5 cm hoch am Boden verteilt. Brennnessel- und Beinwellblätter sind ebenfalls sehr nahrhaft. Auch frisch gejätetes Unkraut können Sie auf den Beeten liegen lassen, sofern es noch nicht fruchtet!

➤ Unter Stauden und Gehölzen schützt eine 5–7 cm hohe Schicht aus Rinden-mulch oder gehäckselten Ästen und Staudenstängeln.

Unkraut vermeiden

Dort wo es nicht auf Schönheit ankommt, helfen Mulch-folien, -papier oder Pappe, aufkommendes Unkraut zu unterdrücken. Regenwasserdurchlässig ist z. B. geschlitzte Mulchfolie aus dem Fachhandel. Auf dem Gemüsebeet wird die Folie oder das Papier flach ausgelegt und randlich eingegraben, damit das leichte Material nicht davonfliegt. Schneiden Sie handtellergroße Löcher aus und setzen Sie Ihre Gemüse- und Salatpflanzen hinein. Bei großen Pflanzabständen lohnt sich der Aufwand besonders. ■

Erde für Töpfe und Kübel

Kübel- und Balkonpflanzen stellen zu Recht hohe Ansprüche an das Substrat, in dem sie wachsen.
Blumenerde, die man in Tüten kauft, wird als »Substrat« bezeichnet, denn richtige Erde ist darin gar nicht enthalten. Normale Gartenerde würde im Topf zusammenbacken und zu wenig Luft enthalten. Gutes Substrat ist mit mineralischen Düngern angereichert und besteht aus einer Mischung grober und feiner Anteile. Struktur und pH-Wert bleiben so stabil, Nährstoffe und Wasser werden lange gespeichert, und gute Durchlüftung ist gewährleistet. Außerdem ist es frei von Krankheitserregern und schimmelt nicht. Ein idealer Grundstoff ist Torf, besonders der grobfaserige Weißtorf. Inzwischen wurde Blumenerde mit Torfersatzstoffen entwickelt, um Hochmoore vor weiterer Zerstörung durch den Torfabbau zu bewahren. Sie enthält statt Torf z. B. Rindenhumus, Holz- und Kokosfasern.

Gute Blumenerde ist frei von Keimen und weist eine stabile Struktur auf.

> *Im richtigen Substrat gedeihen Balkonblumen prächtig.*

Verschiedene Substrate

Folgende Substrate für Kübel- und Zimmerpflanzen sind in Fachgeschäften erhältlich:

➤ **Torffreies Universalsubstrat** für Balkon- und Terrassenblumen ebenso wie für Zimmerpflanzen. Strukturstabile Mischungen aus Rinden-, Holz- und Kokosfasern führen zu gesundem, kräftigem Wachstum. Sie speichern Wasser und Nährstoffe besonders gut und sind auch nach längerer Trockenheit sehr saugfähig.

➤ **Universal-Einheitserde** besteht aus Weißtorf und Lehm und ist ein hochwertiges Substrat. Durch den hohen Tonanteil speichert sie gut Wasser und Nährstoffe.

➤ **Weiß- und Schwarztorf-Mischungen** sind preisgünstiger als Einheitserde. Je höher der feinfaserige Schwarztorf-Anteil ist, desto schneller sacken die Substrate aber zusammen.

➤ **Moorbeeterde** ist ein meist torfhaltiges Substrat mit sehr niedrigem pH-Wert für säureliebende Pflanzen.

➤ **Spezialerden** für besondere Ansprüche von z.B. Geranien oder Zitruspflanzen.

Erde selber mischen

Wenn Sie Blumenerde lieber selber mischen möchten, achten Sie darauf, dass das Substrat locker ist, aber Wasser speichert. Alle Zutaten müssen vorher gesiebt und gut durchmischt werden.

➤ Kokosfasern, Holzfasern, Rindenhumus schaffen eine stabile Struktur.

➤ Garten-, Maulwurfserde (→ Tipp Seite 18) oder Tonmehl binden das Substrat.

➤ Quarzsand, Blähton, Styroporflocken und Lavagrus durchlüften das Substrat.

➤ Kompost bringt den Pflanzen Humus und Nährstoffe. Verwenden Sie nur ausgereiften Kompost. ∎

SPARTIPP

>> **gesund und fruchtbar**

Erde »dämpfen«

Topferde, der Sie Gartenerde oder Kompost zugesetzt haben, oder schon einmal verwendetes Substrat sollten Sie vor (erneutem) Gebrauch gegen Krankheiten und Schädlinge sterilisieren. Sie füllen dazu die angefeuchtete Erde in eine Bratfolie und »backen« sie eine halbe Stunde lang im Ofen bei 80 °C. Öffnen Sie die Folie nach dem Abkühlen an der frischen Luft – gedämpfte Erde riecht kräftig! Sterile Erde sollten Sie nicht organisch düngen (→ Seite 22/23).

PRAXISINFO

Erde selber mischen

So stellen Sie eine Standard-Erdmischung her:

✗ ⅓ reifer, gesiebter Kompost

✗ ⅓ grober Quarzsand

✗ ⅓ gesiebte Gartenerde oder Maulwurfserde

So stellen Sie eine Erdmischung aus Torfersatz her:

✗ ⅔ reifer, gesiebter Kompost

✗ ⅓ Rindenhumus oder Kokosfasern

✗ pro Liter Substrat: 2 g Hornmehl, 2 g Hornspäne und 1 g Knochenmehl

✗ etwas Algenkalk, je nach pH-Wert

Richtig düngen

Topfpflanzen brauchen besondere, auf ihre Bedürfnisse abgestimmte Nährstoffe.
Gartenpflanzen haben es gut: Sie können ihr Wurzelwerk auf der Suche nach Wasser und Nährstoffen oft meterweit durch den Boden schicken. Im Topf dagegen stoßen Wurzeln schnell buchstäblich »an ihre Grenzen«. Sie bilden dann am Gefäßrand ein undurchdringliches Wurzelgeflecht oder drängen sich aus dem Wasserabzugsloch am Topfboden heraus. Jedes Gefäß, ob für Kübelpflanzen oder Balkonblumen, ist eigentlich viel zu klein für das Wurzelwerk. Den Pflanzen reichen die in der frischen Erde enthaltenen Nährstoffe schon etwa sechs Wochen nach dem Umtopfen nicht mehr aus. Deshalb müssen Sie Kübel- und Zimmerpflanzen regelmäßig düngen, denn sie stehen oft jahrelang im selben Topf. Geben Sie aber keinesfalls zu viele Nährstoffe auf einmal und beachten Sie bei der Dosierung die Packungsbeilage: Eine zu hohe Salzkonzentration lässt Wurzeln regelrecht verbrennen.

Mineralische Dünger
Preisgünstig sind Flüssigdünger, die es in Plastikflaschen überall zu kaufen gibt. Alle zwei Wochen geben Sie einige Verschlusskappen voll ins Gießwasser. Allerdings sollten Sie auf die Nährstoff-Zusammensetzung achten: Große Kübelpflanzen düngen Sie mit hochwertigen Produkten, die Spurenelemente enthalten. Es gibt auch speziell auf die Bedürfnisse abgestimmte Komponenten, z. B. für eine üppig blühende Geranienpracht, für Zitruspflanzen, die zur Fruchtbildung angeregt werden sollen, oder Volldünger für Hydrokulturen. Im Winter, wenn das Sonnenlicht fehlt und die Pflanzen kaum wachsen, brauchen

Verwöhnen Sie Ihre Balkonblumen, Kübel- und Topfpflanzen im Frühjahr und Sommer regelmäßig mit Flüssigdünger.

> *Die mit Langzeitdünger angereicherten Kügelchen geben die Nährstoffe gleichmäßig über Monate hinweg ab.*

Topfpflanzen keine Zusatznahrung mehr. Zimmerpflanzen geben Sie nur alle vier Wochen etwas Dünger. Theoretisch ist Düngen also einfach, aber trotzdem vergisst man es im Sommer oft. Erst wenn die Pflanzen Mangelerscheinungen (→ Seite 14/15) zeigen, fällt einem das Versäumte ein.

Für Faule und Vergessliche sind daher mineralische Langzeitdünger ein echter Segen: In kleinen Kügelchen verpackt, enthalten sie alles, was die Pflanzen brauchen. Die Nährstoffe werden dabei kontinuierlich und gleichmäßig über Monate hinweg langsam an die Erde abgegeben. Der Gärtner muss den Pflanzen dafür nur einmal im Frühjahr die angegebene Menge Granulat zuführen.

Organische Dünger

Mit einem Gartenboden lässt sich das Substrat im Blumentopf nicht vergleichen. Ein funktionierendes Bodenleben existiert hier nicht, erst recht nicht, wenn Sie ein steriles Fertigsubstrat verwenden. Die Bodentiere spielen aber eine wichtige Rolle, da organischer Dünger erst von Mikroorganismen aufbereitet werden muss, damit er für die Pflanzen verfügbar ist. Inzwischen gibt es speziell für Kübel-, Balkon- und Zimmerpflanzen entwickelte, rein organische oder organisch-mineralische Volldünger in fester oder flüssiger Form, die zum Teil sogar Mikroorganismen enthalten und daher im wahrsten Sinne des Wortes »belebend« sind. Diese Fertigprodukte weisen meist

eine schnell wirksame Komponente, aber auch langsam wirkende Anteile auf. Die Nährstoffe sind zudem so aufbereitet, dass sie für die Topfpflanzen verfügbar sind. Der optimale Zeitpunkt für die Gabe von organischem Dünger liegt bei Balkon- und Kübelpflanzen in den Sommermonaten von Mai bis September. Meistens reicht eine einmalige Düngung vollkommen aus. ■

PRAXISINFO

Günstig düngen

Fortgeschrittene Gärtner können mit organischer Düngung Geld sparen.

✗ **Brennnesseljauche:**
Die Erde frisch umgetopfter Pflanzen können Sie mit selbst angesetzter Brennnesseljauche (→ Seite 29) anreichern. Achten Sie aber auf das richtige Mischungsverhältnis (max. 1:10), da die Brühe für die empfindlichen Pflanzen sonst zu stark ist.

✗ **Kompost:**
Bereits beim Mischen der Topfpflanzenerde können Sie etwa ein $\frac{1}{6}$ ausgereiften Kompost und $\frac{1}{6}$ Gartenerde unter das Fertigsubstrat mischen. Damit sind Ihre Pflanzen monatelang versorgt.

Pflanzenporträts

Magere Böden

Leichte, magere Böden sind durchlässig, daher oft trocken und nährstoffarm. Die Auswahl an Gartenpflanzen ist hier eingeschränkt, dennoch gibt es eine Reihe von Gewächsen, die mit den genannten Bedingungen ohne bodenverbessernde Maßnahmen gut zurechtkommen. Wer seinen »auf Sand gebauten« Garten regelmäßig mit Humus versorgt und bewässert, kann zusätzlich eine Vielzahl von Gehölzen, Stauden, Kräutern und Sommerblumen anpflanzen. Dabei gilt es zu unterscheiden, ob Ihr sandiger oder kiesiger Boden sauer reagiert, wie z. B. die typischen Heideböden, oder viel Kalk enthält. Pflanzen wie Heidekraut, Wacholder oder Besenginster wachsen auf sauren, sandigen Böden. Wärme und Trockenheit liebende Arten bevorzugen Kalk und neutral oder basisch reagierende Böden. Auf mageren, trockenen Böden überstehen Kräuter und Stauden (z. B. Lavendel) gut den Winter, da sie bei Nässe zu Wurzelfäule neigen.

Sanddorn
Hippophae rhamnoides

Wuchshöhe: 3–5 m
Blütezeit: April
Laub abwerfender Strauch

➤ **vitaminreiche Beeren**

Aussehen: breit ausladender Strauch; bedornte Zweige; silbrige, lanzettliche Blätter; unauffällige, zweihäusige Blüten
Gestaltung: gut geeignet für Böschungen und als Pioniergehölz auf Neubaugrundstück
Standort: sonnig; Sand, Kies oder Schotter, kalkliebend
Vermehrung: zweite Pflanze als männlicher Pollenspender erhöht den Fruchtertrag
Pflege: verträgt Rückschnitt; nicht zu trocken halten
Verwendung: Wildobst, Vogelnährgehölz, Bienenweide

Kletterrose
Rosa multiflora

Wuchshöhe: etwa 2 m
Blütezeit: Juni–August
Laub abwerfender Strauch

➤ **duftende Blüten** ✿

Aussehen: bogig überhängende, breit ausladende Zweige; gefiederte Blätter; einfache, 2–3 cm große, weiße Blüten in Dolden; süßlicher Duft; ab Juli rote, kugelige Hagebutten
Gestaltung: Farbtupfer in Hecken und auf Mauerkronen
Standort: sonnig bis halbschattig; robust, auf kalkhaltigen Böden oft Eisenmangel
Vermehrung: Aussaat im Freien ab Ende März
Pflege: Rückschnitt nach der Blüte, Frostschutz nötig
Verwendung: Vasenschmuck

 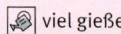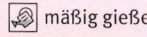

Heidenelke
Dianthus deltoides

Wuchshöhe: 10–20 cm
Blütezeit: Juni – September
mehrjährige Staude

➤ **hübsche Polsterpflanze**

Aussehen: rasenartiger, kriechender Wuchs; stumpfgrüne, linealische Blätter; rosarote, rote oder weiße Blüten, oft mit dunklerem Auge im Zentrum
Gestaltung: im Steingarten, Heidegarten, für Töpfe und Tröge, Plattenfugen, Rabatten
Standort: vollsonnig; warm; gut durchlässige, mäßig trockene bis frische, saure, nährstoffarme Erde
Vermehrung: durch Aussaat, Kopfstecklinge oder Teilung
Pflege: Rückschnitt nach der Blüte verhindert Verkahlung

Sonnenflügel
Helipterum manglesii

Wuchshöhe: 30–50 cm
Blütezeit: Juli–August
einjährige Sommerblume

➤ **dekorative Trockenblume**

Aussehen: aufrechter Wuchs; graugrüne, ovale, zugespitzte Blätter; zahlreiche, zunächst rosa, später weiße Blüten mit gelbem Mittelpunkt
Gestaltung: Bodendecker in Beeten; für Töpfe und Tröge
Standort: vollsonnig; warm; durchlässiger, mäßig trockener, nährstoffarmer Boden
Vermehrung: Aussaat im Freiland April/Mai oder Vorkultur ab März
Pflege: Blüten zum Trocknen in voller Blüte schneiden
Verwendung: Trockenblume

Sandthymian
Thymus serpyllum

Wuchshöhe: 10–20 cm
Blütezeit: Juni–September
mehrjähriges Kraut

➤ **mediterranes Gewürz**

Aussehen: niedrige Polster mit winzigen, graugrünen, duftenden Blättchen; ab Juni zahlreiche kleine, rosafarbige Lippenblüten, kopfiger Blütenstand
Gestaltung: Kräuterbeete, Steingärten, Töpfe und Tröge, Plattenfugen, Mauerritzen
Standort: sonnig; lockerer, magerer Boden
Vermehrung: Aussaat, Teilung oder Stecklinge
Pflege: nicht düngen; Blätter erst kurz vor der Blüte ernten
Verwendung: als Heilpflanze und Küchengewürz

Tonige Böden

Schwere Lehm- oder Tonböden stellen für Gehölze keinen optimalen Untergrund dar. Das Wachstum erfolgt dort langsamer – besonders, wenn der Boden zusätzlich vernässt ist. Gehölze wurzeln dann nur sehr dicht unter der Erdoberfläche, wo sie noch am meisten Luft vorfinden. Höhere Bäume, wie Fichten, sind dadurch nicht so standfest wie auf leichteren Böden, andere Gehölze leiden unter Eisenmangel oder sind anfälliger für Schädlinge und Krankheiten. Auch viele Stauden kommen mit luftarmem Untergrund schlecht zurecht. Nebenstehend finden Sie robuste Arten, die auch auf feuchten, verdichteten Böden gedeihen. Typische Uferrand- und Sumpfpflanzen haben sich auf diese Standorte spezialisiert. Sommerblumen, Kräuter und Gemüse werden Sie auf diesen Standorten nur schlecht kultivieren können. Auch Salate und robuste Einjährige vertragen schwere Böden nur, wenn sie regelmäßig gründlich gelockert und mit Humus versorgt werden.

Echter Schneeball
Viburnum opulus

Wuchshöhe: 1,5–2 m
Blütezeit: Mai–Juni
sommergrünes Gehölz

➤ **robuster Blütenstrauch** ✿

Aussehen: breit ausladende Wuchsform; rundlich gelappte, hellgrüne Blätter, auffällige orange Herbstfärbung; Sorte 'Roseum' mit weißen, ballförmigen Blütenständen; Beeren bei Wildarten rot, leicht giftig
Gestaltung: für Hecken, Bauerngärten, in Ufernähe
Standort: sonnig bis halbschattig; nahrhafte, kalkreiche Böden; anspruchslos
Vermehrung: durch Stecklinge im Sommer, Aussaat im Herbst
Pflege: radikaler Rückschnitt auch bei älteren Büschen

Strauchmispel
Cotoneaster horizontalis

Wuchshöhe: 60–100 cm
Blütezeit: Mai–Juni
Laub abwerfendes Gehölz

  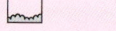

➤ **Allround–Bodendecker** ✿

Aussehen: fischgrätenartig angeordnete Triebe; kleine, wechselständige ovale Blätter, orange Herbstfärbung; weiße Blüten, gefolgt von roten, runden Beeren
Gestaltung: Böschungsgrün, Mauerkronen, Hauswände
Standort: sonnig bis halbschattig; alle, auch schwere Böden; verträgt Hitze; in kalten Regionen Frostschäden
Vermehrung: durch Aussaat oder Stecklinge
Pflege: anspruchslos; gelegentlich etwas auslichten

 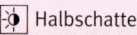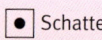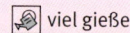

Goldfelberich
Lysimachia punctata

Wuchshöhe: 80–120 cm
Blütezeit: Juni–September
mehrjährige Staude

➤ **hübsche Gartenblume**

Aussehen: aufrechte, Ausläufer treibende Staude mit breit lanzettlichen, behaarten Blättern; gelbe, zart duftende, trichterförmige Blüten
Gestaltung: Uferzonen, feuchte Rabatten, Sumpfbeete, Nasswiesen, Gehölzsäume
Standort: sonnig bis halbschattig; feuchte, nährstoffreiche, lehmige Böden
Vermehrung: durch Teilung der Horste, gelingt leicht
Pflege: Horste vom Rand her im Herbst oder Frühling abstechen und damit verkleinern

Sonnenblume
Helianthus annuus

Wuchshöhe: 0,3–3 m
Blütezeit: Juli–Oktober
einjährige Sommerblume

➤ **große, leuchtende Blüten**

Aussehen: hohe, aufrechte Stiele mit herzförmigen Blättern; gelbe Strahlenblüten mit dunkelbrauner Mittelscheibe
Gestaltung: Beethintergrund, vor Zäunen, an Mauern
Standort: sonnig; nährstoffreicher, frischer Gartenboden, der aber nicht verdichtet sein darf
Vermehrung: Direktaussaat ins Beet ab Ende April
Pflege: Schneckenschutz; viel gießen bei Trockenheit
Verwendung: Vogelfutter, Bodenlockerung durch tief in die Erde reichende Wurzeln

Weißkohl
Brassica oleracea var. *capitata*

Wuchshöhe: 30–40 cm
Erntezeit: Juni–November
zweijähriges Gemüse

➤ **ergiebiges Lagergemüse**

Aussehen: große, blaugrüne, wachsartige Blätter, die bei Erntereife einen dicken, dicht gepackten Kopf bilden; Blüte erst im zweiten Jahr
Standort: sonnig; humoser bis lehmiger, sehr nährstoff- und kalkreicher Boden, hoher Platzbedarf
Anbau/Vermehrung: Aussaat in Töpfen ab Februar, Aussaat und Pflanzung direkt ins Freilandbeet ab März
Pflege: reichlich gießen und düngen; vor Schädlingen schützen

---

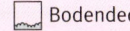 wenig gießen   Bodendecker   Schnitt-/Trockenblume   Winterschutz erforderlich   **47**

Humose Böden

In Waldgebieten mit feucht-kühlem Klima wird durch verrottetes Laub die Bildung saurer, humoser Böden geför-dert. Hier gedeihen Zierge-hölze ostasiatischer Herkunft wie Azaleen, Rhododendren oder Kamelien besonders gut. Hochmoorböden bestehen aus verrotteten Torfmoosen. Sie sind stark sauer und nähr-stoffarm. Dort wachsen »Moorbeetpflanzen«, die sich an das extreme Bodenmilieu angepasst haben. Sie neigen auf kalkreichen Standorten zu Chlorose, einer Eisen-mangelerscheinung. Sollen Pflanzen, die saure Böden brauchen, auf kalkhaltigen Standorten wachsen, sollten Sie an der Pflanzstelle die Gartenerde entfernen und durch kalkfreie Torfersatz-stoffe oder Rindenhumus er-setzen. Gießen Sie nur mit kalkfreiem Regenwasser. Saure, humose Erde verwan-deln Sie mit regelmäßigen Kalkgaben in einen frucht-baren Gartenboden für viele Pflanzenarten.

Rhododendron
Rhododendron-Hybriden

Wuchshöhe: 2–4 m
Blütezeit: Mai
wintergrünes Laubgehölz

➤ **üppige Blütenpracht**

Aussehen: breitbuschige bis kugelige Wuchsform; immer-grüne, ledrig glänzende Blät-ter; bis zu 20 Einzelblüten in einem Blütenbüschel, großes Farbspektrum
Gestaltung: Solitärgehölz; für Hecken, im Gehölzschatten
Standort: sonnig bis schattig; lockerer, humusreicher Boden, von mäßig nährstoffreich bis stark sauer und kalkarm
Vermehrung: durch Aussaat oder Stecklinge
Pflege: Mulchen; Rückschnitt unüblich, aber möglich

Hortensie
Hydrangea paniculata

Wuchshöhe: 2–3 m
Blütezeit: Juli-August
Laub abwerfendes Ziergehölz

➤ **dekorative Trockenblume**

Aussehen: aufrechter Wuchs; große eiförmige Blätter, orange Herbstfärbung; cremeweiße Blütenstände, die sich beim Verblühen rosa färben, werden bis zu 35 cm lang
Gestaltung: für Bauerngärten, in Ufernähe, Rabatten, Kübeln
Standort: sonnig bis halb-schattig; liebt humose, feuch-te, nahrhafte Böden; sauer bis neutral; verträgt keinen Kalk
Vermehrung: durch Aussaat oder Stecklinge
Pflege: Frühjahrs-Rückschnitt fördert die Blütengröße

 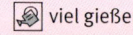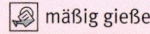

Japanische Iris
Iris-Kaempferi-Hybriden

Wuchshöhe: 50–70 cm
Blütezeit: Juli
mehrjährige Rhizompflanze

➤ **Uferrandpflanze**

Aussehen: frischgrüne, lanzettliche Blätter; 3–4 blassblaue bis tiefviolette, bartlose Blüten pro Stängel; Hängeblätter größer als die meist kleinen Domblätter; sortenreich
Gestaltung: Blickfang in Moorbeeten oder Uferrandzonen
Standort: sonnig; nährstoffreicher, saurer, kalkfreier Boden
Vermehrung: durch Teilung
Pflege: In der Blütezeit sehr nass halten, kann dann durchaus in flachem Wasser stehen, danach sollte die Erde etwas trockener sein

Blauer Scheinmohn
Meconopsis betonicifolia

Wuchshöhe: 80 cm
Blütezeit: Juni–August
kurzlebige Sommerblume

➤ **plakative Blütenfarbe**

Aussehen: bis 10 cm große, rein blaue Blüten an hohen geraden Stielen; längliche, gelappte Blätter in grundständiger Rosette
Gestaltung: im Halbschatten von lichten Gehölzen, neben Rhododendren
Standort: halb- bis vollschattig; hohe Luftfeuchte; saurer, humoser, frischer Boden; keine Staunässe im Winter
Vermehrung: durch Aussaat
Pflege: mit kalkarmem Wasser gießen; Blüten sofort nach dem Verblühen abschneiden

Kartoffel
Solanum tuberosum

Wuchshöhe: 30–50 cm
Blüte- und Erntezeit: Juli–Nov.
zweijähriges Gemüse

➤ **nahrhaftes Knollengemüse**

Aussehen: Wuchs büschelig; dunkelgrüne, gefiederte Blätter; weiße Blüten; dicht unter der Oberfläche bilden sich Kartoffeln als Sprossknollen, mehlig oder fest kochende Sorten
Standort: sonnig; liebt leichte, humose, feuchte, durchlässige Böden; sauer bis neutral
Anbau/Vermehrung: Knollen im April in Reihen mit 30–50 cm Abstand legen; Ernte sortenabhängig nach der Blüte oder wenn das Laub abstirbt; früh- und spät reifende Sorten
Pflege: mit Erde anhäufeln

Kalkböden

Die meisten heimischen Gewächse vertragen kalkhaltige Böden ohne weiteres, dort sind sie sogar frosttoleranter und überstehen Trockenperioden besser als auf neutralen oder leicht sauren Standorten. Mediterrane Kräuter wie Salbei, Majoran und Rosmarin sowie Stauden brauchen kalkhaltige, durchlässige und eher trockene, magere Böden, um gut über den Winter zu kommen. Meist ist es nicht der Frost, sondern staunasser Boden, der sie im Wachstum beeinträchtigt.

Kalkreiche Böden können Sie durch die Zugabe von reichlich Kompost oder käuflichem Humus (z. B. Rindenhumus) etwas neutralisieren und dabei gleichzeitig ihre Struktur und Wasserhaltekraft verbessern. Es ist allerdings schwer, einen kalkhaltigen Boden so zu »versauern«, dass Moorbeetpflanzen dort gut gedeihen. Beschränken Sie sich lieber auf kalkliebende Arten und halten Sie säureliebende wie Besenheide oder Hortensien im Kübel, in entsprechender Spezialerde.

Sommerflieder
Buddleia davidii

Wuchshöhe: 2–3 m
Blütezeit: Juli–Oktober
sommergrünes Gehölz

➤ **lockt Schmetterlinge an**

Aussehen: trichterförmiger Wuchs; lanzettliche, unterseits graufilzige Blätter; lange rosa, weiße oder violette, duftende Blütenrispen
Gestaltung: Solitärstrauch, Blütenhecken, Bauerngärten
Standort: sonnig; magere, kalkreiche, durchlässige Böden; verträgt Trockenheit; wärmeliebend, frosthart
Vermehrung: durch Stecklinge im Sommer
Pflege: Rückschnitt im Spätwinter fördert üppige Blüte; nicht in Wurzelnähe graben

Alpen-Waldrebe
Clematis alpina

Wuchshöhe: bis 2 m
Blütezeit: April–Juni
sommergrünes Klettergehölz

  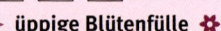

➤ **üppige Blütenfülle** ✿

Aussehen: schwach wüchsiger Kletterstrauch; doppelt dreizählig gefiederte Blätter; hängende, bis 5 cm große, violette Blüten; hübsche, fedrig behaarte Früchte
Gestaltung: Zäune, Pergolen, auch hängend an Mauern und Böschungen
Standort: sonnig bis leicht halbschattig; liebt steinige, durchlässige, neutrale bis kalkhaltige Böden
Vermehrung: durch Aussaat
Pflege: Kletterhilfe erforderlich, Rückschnitt möglich

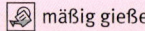

Taglilie
Hemerocallis-Hybriden

Wuchshöhe: 0,4–1 m
Blütezeit: Mai–August
mehrjährige Staude

➤ **leuchtende Farben** ✿

Aussehen: breiter, horstartiger Wuchs; schmale, linealische Blätter; Blüten sternförmig, lilienähnlich, mehr oder weniger weit geöffnet, in allen Gelb-, Orange- und Rottönen
Gestaltung: als Leitpflanze im Beet, Gehölzrand, Uferzonen
Standort: sonnig bis halbschattig; frische, kalkhaltige, nährstoffreiche Böden
Vermehrung: durch Teilung der Horste
Pflege: anspruchslos; verblühte Stiele entfernen
Verwendung: Schnittblume

Goldlack
Erysimum cheiri

Wuchshöhe: 30–60 cm
Blütezeit: April–Juni
zweijährige Sommerblume

➤ **duftender Frühlingsbote**

Aussehen: aufrechter Wuchs; frischgrüne lanzettliche Blätter; Blütenbüschel in Gelb-, Rot- und Rotbrauntönen, intensiver Honigduft
Gestaltung: für jedes Beet geeignet, schön in Bauerngärten; auch in Töpfen und Trögen
Standort: sonnig bis halbschattig; frische, nährstoffreiche, kalkhaltige Böden
Vermehrung: Aussaat ab Mai im Frühbeet; im Herbst an gewünschten Platz umpflanzen
Pflege: Winterschutz aus Reisig nur in kalten Gegenden

Birne
Pyrus communis

Wuchshöhe: 5–10 m
Erntezeit: August–November
Obstgehölz

➤ **saftiges Naschobst**

Aussehen: schlanker Baum; je nach Sorte und Unterlage verschieden wüchsig und hoch; weiße Blüten im April/Mai
Standort: sonnig; warm; durchlässige, nährstoffreiche, kalkhaltige, nicht zu feuchte Böden; Spätfrostlagen meiden
Anbau/Vermehrung: durch Samen oder Pfropfung, für Fruchtbildung ist Kreuzbefruchtung nötig
Pflege: regelmäßiger Schnitt; Gefahr von Birnengitterrost durch Sadebäume in der unmittelbaren Nachbarschaft

Gehölze und Sommerblumen

Gehölze

Name	Standort	Boden	Blütezeit Blütenfarbe	Wuchs-höhe	Besonderheiten
Apfelrose *Rosa rugosa*	☀	sandig-sauer, trocken-frisch	Mai–Okt. weiß, rosa, rot	1–1,5 m	beste Rose für Sandböden, auffallende Hagebutten
Bauernjasmin *Philadelphus* spec.	☀ ◐	mäßigtrocken, durchläss., kalkh.	Juni–Juli weiß	1–3 m	duftende Blüten, Sorten in verschiedenen Höhen erhältlich
Besenheide *Calluna vulgaris*	☀ ◐	sandig-sauer, mäßig trocken	Juli–Okt. weiß, rosa	20–80 cm	Bodendecker im Heidegarten, Rückschnitt alle zwei Jahre
Eberesche *Sorbus aucuparia*	☀	sandig-humos–neutral, frisch	Mai weiß	10–15 m	dekorative rote Beeren ab Sept., Vogelnährgehölz
Eibe *Taxus baccata*	☀ ●	lehmig-tonig, frisch, kalkhalt.	ab Sept. rote Früchte	bis 10 m	giftig, langsam wachsend, starker Rückschnitt möglich
Felsenbirne *Amelanchier laevis*	☀	sandig-lehmig, frisch	April weiß	2,5–3,5 m	robust, schöne Herbstfärbung, essbare schwarze Beeren
Feuerahorn *Acer ginnala*	☀ ◐	sandig-humos bis lehmig	Mai gelb	4–6 m	frosthartar Strauch für alle Böden, rote Herbstfärbung
Forsythie *Forsythia × intermedia*	☀ ◐	anspruchslos, alle Böden	März–April gelb	1–3 m	robustes Standardgehölz für alle Gärten
Fünffingerstrauch *Potentilla fruticosa*	☀	sauer-neutral, frisch-trocken	Juni–Okt. gelb	40–100 cm	Bodendecker, auch im lichten Schatten, Rückschnitt möglich
Goldregen *Laburnum anagyroides*	☀ ◐	lehmig, verträgt Trockenheit, Kalk	Mai–Juni gelb	5–7 m	sehr giftig, die Sorte 'Vossii' hat besonders schöne Blüten
Hartriegel *Cornus sanguinea*	☀ ◐	lehmig-tonig, sauer-neutral	Mai–Juni weiß	3–4 m	robust, rote Rinde, rote Herbstfärbung
Holunder *Sambucus nigra*	◐ ●	nährstoffreich, frisch, kalktoler.	Juni weiß	3–4 m	Früchte und Blüten essbar, Vogelnährgehölz, anspruchslos
Italienische Waldrebe *Clematis viticella*	☀ ◐	sandig-humos, frisch, kalkhaltig	Juni–Aug. rot–violett	8–10 m kletternd	Frostschutz für Jungpflanzen, schattiger Fuß, tief pflanzen
Japan-Ahorn *Acer japonicum*	☀ ◐	humos, kalkarm, durchlässig	April–Mai purpur	3–4 m	leuchtende Herbstfärbung, braucht hohe Luftfeuchte
Mähnenfichte *Picea breweriana*	☀	sandig-lehmig, frisch, durchläss.	ab Aug.–Okt. Zapfen	7–8 m	die kleinen Zweige hängen mähnenartig herunter

Name	Standort	Boden	Blütezeit Blütenfarbe	Wuchs-höhe	Besonderheiten
Prachtglocke *Enkianthus campanulatus*	☼ ◐	sandig-humos, frisch, sauer	Mai hellgelb	2–3 m	Vorfrühlingsblüher für warme Lagen, wird aufgebunden
Sandbirke *Betula pendula*	☼	sandig, feucht–trocken, sauer	März–April grüngelb	20–30 m	wächst schnell, entzieht dem Boden Wasser und Nährstoffe
Säulenwacholder *Juniperus communis*	☼	alle Böden sauer–kalkh.	Okt.–Nov. Beeren	4–5 m	typisches Gehölz für Heidegärten, verträgt aber auch Kalk
Seidenkiefer *Pinus strobus*	☼	sandig-lehmig, sauer, feucht	ganzjährig Zapfen	20 m	weiche Nadeln zu fünft im Büschel, für große Gärten
Tulpenmagnolie *Magnolia × soulangiana*	☼	humos, frisch, sauer	April weiß–rosa	5–6 m	Blüten duften vor Laubaustrieb, spätfrostgefährdet
Wilder Wein *Parthenocissus spec.*	◐ ●	frisch–mäßig trocken, kalkh.	Juni–Aug. unscheinb.	bis 10 m kletternd	*P. veitchii* klettert mit Haftscheiben
Winterjasmin *Jasminum nudiflorum*	☼ ◐	sandig-humos–lehmig, kalkhalt.	Febr.–April gelb	2 m kletternd	Vorfrühlingsblüher für warme Lagen, wird aufgebunden
Zierkirsche *Prunus spec.*	☼ ◐	lehmig-humos, frisch, durchläss.	April–Mai weiß, rosa	3–6 m	Sorten mit versch. Wuchs- und Blütenformen

Ein– und zweijährige Sommerblumen

Name	Standort	Boden	Blütezeit Blütenfarbe	Wuchs-höhe	Besonderheiten
Buschmalve *Lavatera trimestris*	☼	frisch–trock., durchläss.	Juli–Sept. rot, rosa, weiß	50–80 cm	warme Standorte bevorzugt, üppige Blüte
Duftsteinrich *Lobularia maritima*	☼	durchlässig, frisch–mäßig trock.	Juni–Okt. weiß, rosa, lila	5–15 cm	robuster Bodendecker für Steingärten, Mauern, Plattenfugen
Jungfer im Grünen *Nigella damascena*	☼	sandig-lehmig, humos, frisch	Juni–Aug. blau, rosa, weiß	30–60 cm	Samenkapseln gut für Trockengestecke, Selbstaussaat
Königskerze *Verbascum spec.*	☼	sandig, durchläss., trocken, kalktol.	Juni–Sept. gelb, weiß	bis 2 m	verschiedene Arten in unterschiedlicher Größe
Seidenmohn *Papaver rhoeas*	☼	sandig-lehmig, humos, frisch	Juni–Juli rot, rosa	50–80 cm	sät sich von allein aus, gute Schnittblume
Stockrose *Alcea rosea*	☼	durchläss., frisch–mäß. trock.	Juli–Sept. viele Farben	1,6–2 m	zweijährig, prächtig vor Hauswänden und Zäunen

Stauden und Nutzpflanzen

Stauden

Name	Standort	Boden	Blütezeit Blütenfarbe	Wuchs- höhe	Besonderheiten
Bergwohlverleih *Arnica chamissonis*	☀ ◐	sauer-neutr.– humos, feucht	Mai–Aug. gelb	70–100 cm	aus Nordamerika, wollig behaart, robust
Enzian *Gentiana acaulis*	☀	lehmig-torfig, humos, sauer	April–Juni blau	3–8 cm	im kalkfreien Steingarten, nicht austrocknen lassen
Etagenprimel *Primula japonica*	☀ ◐	humos-sauer, locker, frisch	Mai–Juli rot	30–60 cm	in Gruppen am Teich, unter lichten Gehölzen
Frauenmantel *Alchemilla mollis*	☀ ◐	lehmig-tonig, nahrhaft, frisch	Juni–Aug. grünl. gelb	30–50 cm	robust, mit dekorativem Laub, neigt zum Wuchern
Funkie *Hosta spec.*	◐ ●	humos-lehmig, frisch–mäß. trock.	Juni–Aug. rosa, weiß, lila	5–120 cm	sortenreich, mit verschiedenen Blattfarben und -formen
Gartennelkenwurz *Geum-Hybriden*	☀ ◐	humos, sand.– lehm., frisch	Juni–Aug. gelb	40–50 cm	prächtige Blüten, Stauden vor Winternässe schützen
Karpaten-Glockenblume *Campanula carpatica*	☀ ◐	sandig-trocken, durchläss., warm	Juni–Aug. blau, weiß	20–30 cm	sonnige Rabatten, für Mauern und Steingärten
Kugeldistel *Echinops bannaticus*	☀	leicht, durchläss., trocken, kalkhalt.	Juli–Sept. blau	80–120 cm	nicht zu dicht setzen, verträgt keine Staunässe
Lupine *Lupinus-Hybriden*	☀	sandig-humos, sauer, durchläss.	Juni–Juli alle Farben	80–100 cm	Schmetterlingsblütler, reichert den Boden mit Stickstoff an
Purpurdost *Eupatorium fistulosum*	☀ ◐	lehmig-tonig, nahrhaft, frisch	Juni–Juli rosa, purpurn	1,5–2 m	Solitärstaude für Beethinter- grund und Teichrand
Schlangenkopf *Chelone obliqua*	☀ ◐	lehmig, nahrhaft, frisch–feucht	Juli–Sept. rosa	50–80 cm	Spätsommerblüher, für feuchte Beete und Teichrand
Steppenkerze *Eremurus stenophyllus*	☀	sandig-kiesig, trocken, kalkhalt.	Mai–Juni viele Farben	2,5 m	Steppenpflanze, braucht Schutz vor Nässe und Frost
Sumpfdotterblume *Caltha palustris*	☀ ◐	lehmig-tonig, frisch–nass	April–Mai gelb	20–30 cm	Uferzonen, in Sumpfbeeten und feuchten Wiesen
Wiesenraute *Thalictrum aquilegifolium*	☀ ◐	lehmig-tonig, nahrhaft, nass	Mai–Juli rosa, blasslila	80–120 cm	Teichrand, feuchte Plätze, Naturgärten
Wollziest *Stachys byzanthina*	☀	sand.-durchläss., sauer, trocken	Juli–Aug. blassrosa	10–30 cm	silberwollig behaarte Blätter, Stein- und Steppengärten

Kräuter

Name	Standort	Boden	Erntezeit Erntegut	Wuchs-höhe	Besonderheiten
Boretsch *Borago officinalis*	☼ ◐	sandig-humos–lehmig, frisch	April–Nov. Blätter, Blüten	80 cm	sät sich von allein aus, Bienenweide
Brunnenkresse *Nasturtium officinale*	◐ ●	in fließendem Wasser, sumpfig	Mai–Okt. Blätter	10 cm	winterharte Wasserpflanze für Bäche und Teiche
Petersilie *Petroselinum crispum*	☼ ◐	humos, durchläss., frisch, nahrhaft	April–Nov. Blätter	30 cm	keimt langsam, vor Schnecken schützen
Pimpernell *Sanguisorba minor*	☼	frisch–feucht, kalkhalt., nahrh.	ganzjährig Blätter	30–40 cm	sät sich von allein aus, sehr robust
Salbei *Salvia officinalis*	☼	mager, leicht, kalkh., trocken	ganzjährig Blätter	50 cm	lässt sich gut trocknen, im Frühjahr zurückschneiden
Schnittlauch *Allium schoenoprasum*	☼ ◐	humos, durchläss. nahrh., frisch	Mai–Nov. Blätter, Blüten	30 cm	feucht halten, auch Blüten sind essbar, Stauden sind teilbar
Thymian *Thymus vulgaris*	☼	sandig, durchläss., mager, trocken	ganzjährig Blätter	20 cm	lässt sich gut trocknen, Stein-gärten und Mauerfugen

Obst und Gemüse

Name	Standort	Boden	Erntezeit Erntegut	Wuchs-höhe	Besonderheiten
Apfel *Malus × domestica*	☼	tiefgr.-humos, nahrhaft, frisch	Aug.–Nov. Früchte	2–15 m	Größe, Standortansprüche, Qualität variieren je nach Sorte
Feldsalat *Valerianella locusta*	☼	leicht, durchläss., mäßig nährstoffr.	Frühl. und Herbst, Blätter	10 cm	beste Aussaatzeit für die Frühjahrsernte: Aug.–Sept.
Himbeere *Rubus idaeus*	☼ ◐	humos, durchläss., frisch, nahrhaft	Juni–Aug. Früchte	1,5–2 m	Flachwurzler, Boden stets mul-chen, abgetragene Ruten entf.
Kultur-Heidelbeere *Vaccinium corymbosum*	☼ ◐	humos, frisch, kalkarm	Juli–Sept. Früchte	1–1,5m	Heidelbeeren vertragen keinen Kalk, gedeihen auch im Kübel
Möhre *Daucus carota*	☼	leicht, durchläss., nahrhaft	ab Juni Möhren	30–40 cm	Aussaat an Ort und Stelle mögl., Jungpflanzen gut ausdünnen
Rhabarber *Rheum raponticum*	☼	nahrh., frisch, sauer–neutral	April–Juni Stiele	50–80 cm	nur bis Mitte Juni ernten, sonst holzig, Blüten ausbrechen

Arbeitskalender

Januar – April: Auf los geht's los!

JANUAR

➤ **Kennen lernen:** Überlegen Sie, ob die Pflanzen in Ihrem Garten zu den Bodenverhältnissen passen. Nur Pflanzen, die sich an ihrem Platz wohl fühlen, wachsen kräftig und bleiben gesund. Achten Sie beim Stöbern in Katalogen auf die Standortbedingungen.

➤ **Verbessern:** Achten Sie beim Schneeschaufeln darauf, dass Sie nicht den ganzen Schnee auf einen Haufen türmen. Das Gras darunter erstickt sonst leicht.

FEBRUAR

➤ **Verbessern:** Alte Mulchschichten auf den Beeten werden entfernt. Darunter verstecken sich gerne schon die ersten Schnecken. Im Frühling isoliert eine Mulchschicht den Boden so sehr, dass die ersten wärmenden Sonnenstrahlen kaum zur Wirkung kommen.

➤ **Bearbeiten:** An warmen Tagen entfernen Sie Unkraut, lockern vorsichtig den Boden zwischen Stauden und Gehölzen und streuen Kompost und/oder organischen Dünger aus.

Mai – August: Gut vorbereitet in die Gartensaison

MAI

➤ **Düngen:** Obstbäume und Beerensträucher werden jetzt mit Kompost und/oder mit organischem Dünger gedüngt. Setzen Sie die erste Jauche aus frischen Brennnesseltrieben an, sie ist besonders wirksam!

➤ **Bearbeiten:** Zwischen Beerensträuchern bereichert eine Mulchschicht aus Rasenschnitt und Brennnesselblättern den Boden. Gemüse und Salat schützt eine dünne Schicht frischer Rasenschnitt vor Trockenheit.

JUNI

➤ **Düngen:** Früh gesäte Gründüngung wie Senf beginnt zu blühen. Schneiden Sie die Pflanzen vorher ab und arbeiten Sie sie in den Boden ein. Der Kompost muss immer feucht sein, damit die Rotte schnell vorwärts geht. Sieben Sie reifen Kompost durch, noch ist er frei von Schneckeneiern!

➤ **Bearbeiten:** Bedecken Sie offenen Boden mit einer Mulchschicht, so bleiben Feuchtigkeit und lockere Krümelstruktur erhalten.

September – Dezember: Dem Frost Paroli bieten

SEPTEMBER

➤ **Kennen lernen:** Eine gute Zeit, um Bodenproben zu nehmen und sie in einer Untersuchungsanstalt auswerten zu lassen.

➤ **Verbessern:** Auf abgeernteten Gemüsebeeten können Sie jetzt Winter-Gründüngung wie Winterroggen, Feldsalat, Kleearten aussäen.

➤ **Düngen:** Stellen Sie einen großen Kompostbehälter für Gartenabfälle auf.

OKTOBER

➤ **Verbessern:** Lockern Sie die Beete sorgfältig mit einer Grabegabel oder einem Sauzahn. Nur extrem schwere Böden graben Sie um.

➤ **Düngen:** Abgestorbene Stauden- und Blumenstängel wandern gehäckselt oder klein geschnitten auf den Kompost.

➤ **Bearbeiten:** Wurzelnackte Gehölze pflanzen, damit sie noch vor dem Winter anwachsen.

MÄRZ

➤ **Verbessern:** Ist der Boden frostfrei und etwas abgetrocknet, können Sie grundlegende Maßnahmen zur Bodensanierung wie Einbringen von Sand, Humus, organischem Dünger usw. in Angriff nehmen.

➤ **Düngen:** Sobald der Kompost eisfrei ist, kann man ihn umsetzen. Fertig verrottet, siebt man ihn durch und bringt ihn aus.

➤ **Bearbeiten:** Vor der Aussaat harken Sie die Erde gründlich durch und jäten Unkräuter.

APRIL

➤ **Düngen:** Die beste Zeit, um die Aussaat von Gründüngungspflanzen zu beginnen. Rasenflächen werden mit speziellem organischem Rasendünger behandelt.

➤ **Bearbeiten:** Vor dem ersten Mulchen lassen sich Schnecken besser entdecken und absammeln. Der Rasen wird erstmalig im Jahr gemäht und am besten auch vertikutiert.

➤ **Topfpflanzen pflegen:** Frische Erde für Kübel- und Balkonpflanzen bewirkt (Blüh-)Wunder.

JULI

➤ **Verbessern:** Wässern Sie nur, wenn es nötig ist, und dann lieber gründlich. Das Wasser soll in feinen Tropfen zu Boden rieseln, damit sich die Krümelstruktur nicht auflöst.

➤ **Düngen:** Wenn die ersten Gemüsebeete abgeerntet sind, können Sie anschließend Gründüngungspflanzen darauf aussäen.

➤ **Topfpflanzen pflegen:** Jetzt kann man Stecklinge von Balkonblumen, Kräutern, Zimmerpflanzen und Kübelpflanzen pflanzen.

AUGUST

➤ **Düngen:** Bei Kräutern und Obstgewächsen werden zusätzliche Nährstoffgaben ab dem Spätsommer weitgehend eingestellt.

➤ **Bearbeiten:** Mit einer Schicht Rasenschnitt gemulchte Beete sind vor Austrocknung geschützt und brauchen deshalb auch bei großer Hitze kaum gewässert zu werden.

➤ **Topfpflanzen pflegen:** Auch Balkon- und Kübelpflanzen werden ab August nicht mehr oder nur noch wenig gedüngt.

NOVEMBER

➤ **Verbessern:** In vergleichsweise warmen, trockenen Jahren können Sie auch jetzt noch Bodensanierungs-Maßnahmen einleiten.

➤ **Bearbeiten:** Schützen Sie Stauden, Gehölze und Komposthaufen mit Laub oder Bastmatten vor Frost.

➤ **Topfpflanzen pflegen:** Empfindliche Pflanzen ins Winterquartier bringen.

DEZEMBER

➤ **Kennen lernen:** Werten Sie das Ergebnis der Bodenproben aus und treffen Sie entsprechende Vorbereitungen für die nächste Saison. Erkundigen Sie sich nach möglichen Lieferanten (z. B. für Pferdemist).

➤ **Bearbeiten:** Reinigen Sie Rasenmäher und alle Gartengeräte gründlich, fetten Sie die Geräte ein und nutzen Sie die Gartenruhe, um im Geräteschuppen aufzuräumen.

Die **halbfett** gesetzten Seiten-
zahlen verweisen auf Abbil-
dungen.

Literatur

Hensel, Wolfgang: Natürlich gärtnern schnell & einfach, Gräfe und Unzer Verlag, München

Hensel, Wolfgang: Gartenspaß für Einsteiger, Gräfe und Unzer Verlag, München

Kreuter, Marie-Luise: Der Biogarten, BLV Verlag, München

Kuntze, Roeschmann, Schwerdtfeger: Bodenkunde, UTB Taschenbücher, Ulmer Verlag, Stuttgart

Stangl, Martin: Mein Hobby – Der Garten, BLV Verlag, München

Zeitschriften

Flora
Gruner + Jahr AG & Co KG
20444 Hamburg

Gartenspaß und *mein schöner Garten*
Burda Senator Verlag GmbH
77605 Offenburg

Kraut & Rüben
DLV GmbH
80797 München

Adressen
Bodenuntersuchung:
Labor Dr. F. M. Balzer
Ganzh. Qualitätserfassung
Oberer Ellenberg 5
35083 Wetter-Amönau
www.labor-balzer.de

Jedes Bundesland verfügt zudem über eigene Landwirtschaftliche Untersuchungs- und Forschungsanstalten (LUFA), die Analysen von Bodenproben durchführen.

Erden, Dünger, Pflanzenschutz, Komposter:
W. Neudorff GmbH KG
Postfach 1209
31857 Emmerthal

Bildnachweis
Bornemann: U1, 41; Borstell: 48 re., 49 re., 50 li., 50 re., 51 li.; Diez: 3; GBA/Didillon: 32; GBA/GPL/Howes: 18; GBA/GPL/Mayer: 28 li.; GBA/Wothe: 46 li.; Jahreiß: 40; Krämer: U1 außen u.; Laux: 13 re.o., 47 re; Neudorf: 24; Nickig: 13 li.u., 28 re., 31 o., 44 li., 45 li., 45 re., 46 re., 47 li., 47 mi., 48 li., 49 li., 51 mi.; Pforr: U2/1, 12 re., 13 li.o., 13 re.u., 14, 44 re., 49 mi.; Redeleit: U1 außen o., 8, 16, 17 o., 22, 27 li., 27 re., 36, 38, 39; Reinhard: 10, 11, 12 li., 23, 25, 45 mi., 64; Schneider/Will: 2/3, 26, 30 re., 31 u., 42/43, 51 re., U4 li.; Stork: 4/5, 6, 7, 9, 15, 17 mi., 17 u., 19, 27 mi., 29, 33, 34, 35, 37, U4 mi., U4 re.; Strauß: 30 li., Wiener: 20, 21.

Fotos auf dem Umschlag und im Innenteil:

Umschlagvorderseite: Keimlinge; Umschlag innen/S. 1: Sommerblumenbeet; S. 4/5: Pflanzloch ausheben; S. 40/41: *Iris sibirica;* S. 64: Bohnenkeimlinge; Umschlagrückseite: Weißkohl und Zinnien (li.), Boden bearbeiten (mi.), Mohn mit Akelei (re.).

Der Autor

Willi Borges ist Gartenbauingenieur mit langjähriger Erfahrung in einem Garten- und Landschaftsbau-Betrieb.

Wichtige Hinweise

➤ Einige der hier beschriebenen Pflanzen sind giftig oder hautreizend. Sie dürfen nicht verzehrt werden.
➤ Bewahren Sie Dünge- und Pflanzenschutzmittel für Kinder und Haustiere unerreichbar auf.
➤ Wenn Sie sich bei der Arbeit verletzen, sollten Sie umgehend einen Arzt aufsuchen. Eventuell ist eine Impfung gegen Tetanus erforderlich.

Dank

Verlag, Autor und Fotografen danken der W. Neudorff GmbH KG für die freundliche Unterstützung.

Impressum

© 2003 Gräfe und Unzer Verlag GmbH, München Alle Rechte vorbehalten. Nachdruck, auch auszugsweise, sowie Verbreitung durch Film, Funk, Fernsehen und Internet, durch fotomechanische Wiedergabe, Tonträger und Datenverarbeitungssysteme jeder Art nur mit schriftlicher Genehmigung des Verlags.

Redaktion und Konzeption: Angelika Holdau
Lektorat: Christina Freiberg
Umschlaggestaltung und Layout: independent Medien-Design, München
Produktion: Bettina Häfele
Satz: Uhl + Massopust, Aalen
Reproduktion: Longo, Bozen
Druck und Bindung: Kaufmann, Lahr
Printed in Germany

ISBN 3-7742-5750-7

Auflage	4	3	2	1
Jahr	2006	2005	2004	2003

GRÄFE UND UNZER

Ein Unternehmen der
GANSKE VERLAGSGRUPPE

Das Original mit Garantie

Ihre Meinung ist uns wichtig. Deshalb möchten wir Ihre Kritik, gerne aber auch Ihr Lob erfahren. Um als führender Ratgeberverlag für Sie noch besser zu werden. Darum: Schreiben Sie uns! Wir freuen uns auf Ihre Post und wünschen Ihnen viel Spaß mit Ihrem GU-Ratgeber.

Unsere Garantie: Sollte ein GU-Ratgeber einmal einen Fehler enthalten, schicken Sie uns das Buch mit einem kleinen Hinweis und der Quittung innerhalb von sechs Monaten nach dem Kauf zurück. Wir tauschen Ihnen den GU-Ratgeber gegen einen anderen zum gleichen oder ähnlichen Thema um.

Ihr Gräfe und Unzer Verlag
Redaktion Garten
Postfach 86 03 25
81630 München
Fax 0 89/4 19 81-1 13
e-mail:
leserservice@
graefe-und-unzer.de

GU PFLANZENRATGEBER

Wenig tun, viel genießen.

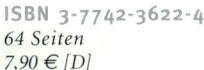
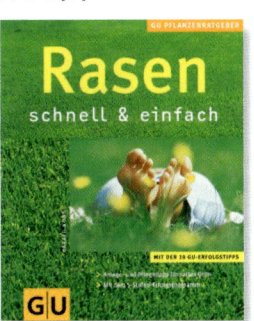

Änderungen und Irrtum vorbehalten.

1 BODENART ERKENNEN

Wer üppige und gesunde Pflanzen sein Eigen nennen will, muss den Gartenboden richtig pflegen und ernähren. Dazu sollte man die verschiedenen **Bodenarten** voneinander unterscheiden können. Denn jede Bodenart hat andere **Eigenschaften**. Was für einen Boden besitzen Sie: sandig, lehmig, humos oder tonig?

So pflegen Sie Ihren Boden richtig

4 ORGANISCH DÜNGEN

Verrotteter Stallmist, organische Dünger, selbst gemachte **Pflanzenjauchen** und Mulchdecken liefern den Bodenorganismen reichlich Nahrung. So kurbeln Sie das Bodenleben an. Die Nährstoffe aus organischen Düngern stehen den Pflanzen nicht sofort, dafür aber über einen **längeren Zeitraum** zur Verfügung.

7 RICHTIG MULCHEN

Frischer Rasenschnitt, Rindenstücke oder Staudenstängel wirken auf offenen Bodenflächen wie eine **schützende Decke** gegen Austrocknung und das Verschlämmen bei Regen. Die Krümelstruktur wird verbessert und die Erde zusätzlich mit Nährstoffen angereichert.

8 SANFT BEARBEITEN

Umgraben ist »out« und nur bei extrem schwerem Boden angesagt. Für die Lebewesen ist es besser, wenn Sie die **Bodenschichten** an ihrem angestammten Platz lassen, die oberste Schicht lediglich mit Grabegabel oder Sauzahn **lockern** und regelmäßig Unkraut **jäten**.